田中一光自传

与设计一起前行

[日]田中一光—著
朱悦玮—译

Ikko Tanaka

田中一光自伝：われらデザインの時代

北京时代华文书局

目录

目 录

IV

目录

I II III IV V

IKKO
Tanaka

田中一光自伝
われらデザインの時代

一 故 乡

从 JR（日本铁路公司）奈良站到猿泽池有一条商业街。这条街就是三条通，在三条通的西边，开化天皇的皇陵附近有一个叫东町的地方，我就出生在那里。那一年是 1930 年（昭和 5 年）。

现在那里已经高楼林立完全变了模样，在我的老家旁边是奈良最大的床上用品商店，斜对面是奈良数一数二的日式点心店“弁天饼”，其他还有酿酒厂、面豉酱和酱油的制造厂等，占地面积都超过 660 平方米的大型商家。

我的老家从外祖父那一代开始，就一直经营着一家叫做“鱼万”的鱼糕店，所以家里总是飘着一股腥味。外祖父在兄弟九人里面排行最末叫做末吉，都说他跟着大哥混黑社会，但我觉得他先是作为近卫兵加入了东京的麻布连队，后来在很大的年纪才开了鱼糕店。在我小的时候，每天早晨外祖父都会打电话到大阪的中央市场询问当天的鱼价，决定当天进什么货，而我就在他打电话的声音中醒来。

据外祖父说，他的父亲鱼谷万吉很有商业头脑，所以才留下这么大的房产，但我总觉得和相邻的店铺相比，我们家显得很寒酸。

我的父亲田中音吉，是三重县四日市附近一户采女农家的老儿子。那一带的农业和鳗鱼养殖业比较兴盛，但父亲从年轻时就进入奈良铁道省（现在的 JR）工作，后来入赘和我的母亲富士枝结婚。因为我只在二战时被寄养在父亲的老家 1 个月左右，所以对父亲的老家几乎没有什么印象。

我们家从早到晚都有很多工人忙来忙去，因为嫌小孩子影响工作，所以大人们总是会说“给你点零花钱，你自己出去玩吧”，也就是说我出身于那种对孩子自由放养的家庭。

我小时候基本是由外祖母带大的。但是，即便是自由放养的家庭，外祖母对我的管教也甚严。我的母亲则是一名典型的商人家的女儿，性格开朗活泼。

我出生后，次弟祥介、三弟成典、长妹节子相继出生。

家旁边的寺院就是我的游乐场。那时候兴福寺的三重塔和北圆堂还没有被围墙围起来，是一处杂草丛生、阴森幽暗的地方。传说只要绕塔三圈再朝塔上扔石头就会有女鬼出现，所以我每次朝塔上扔完石头之后都会一溜烟地跑回家。

早春时东大寺二月堂的汲水仪式，随后的达陀戴帽仪式，春日大社的若宫祭和薪能，等等，我从少年时代开始，就习以为常般地和这些千百年前的古典重复地保持着日常的接触。

兴福寺的东金堂被称为“文殊先生”，文殊菩萨坐像是智慧的象征，就像是天满宫的道真公，所以每年春季的升学期，学生们会在 1 张 20 厘米大的纸上写 1 个字用来供奉。寺院方面会选出 80 名学生所写的 80 个字做成 1 块牌匾，挂在寺院的屋檐下面装饰

1 年。母亲也让我练习写字，并且将写好的字供奉上去。

据说我从小就很喜欢文字，母亲背着我出门的时候，我会用手指着商户招牌上的字询问读法和意思。

但我最初产生兴趣的，是模仿歌手的演唱。我家有一个在当时非常少见的留声机，工人们经常用它来听美奴、雾岛升、哥伦比亚小姐等唱的民谣和歌曲，我很擅长模仿这些歌手的演唱。我家对面弁天饼的工人们总叫我去给他们模仿。因此，等他们工作结束后，我就会去唱上一段，有时候还会得到点心作为奖励。

我还喜欢模仿电影。二战刚开始的 1937 和 1938 年，历史题材电影大多改编自讲谈和歌舞伎，几乎都是先代萩和锅岛的宫廷剧和儿雷也之类的电影。在当时的新兴电影公司中，出演宫廷剧和猫妖的铃木澄子、森静子、国友和歌子等明星很受欢迎。我虽然年纪不大，却对八汐和岩藤那样的恶女和妖女又爱又怕，我还很喜欢披着母亲的和服装成猫妖吓唬比我小的孩子们。

那时候想看一场真正的歌舞伎，必须花上 1 个小时的时间搭乘大规铁道（就是现在的近铁电车）前往大阪才行。我记得家人带我去过好几次，对拿着大大的木制鞋子寄存牌、用来热茶的火盆和坐垫，把我们带到座位上的服务员递给我一块小点心的事情还有模糊的印象，但舞台上表演的内容却怎么也想不起来了。

当时奈良有两家电影院。因为我就读的椿井小学位于闹市区，所以电影院对我来说是非常熟悉的地方。其中一家叫做尾花剧场，是松竹电影公司的独家电影院，这里也有服务员拿着坐垫带观众到座位上，是一家具有传统剧院风格的电影院。另一家则是位于红灯区正中间的中央电影剧场。这家电影院会播放新兴电影公司和日活电影公司的电影。我个人比较喜欢松竹电影公司的电影，经常会一个人背着书包去看电影。

我很喜欢看那种分为上下两集的电影，有时候我看完电影出来天都完全黑了。这时，我就会脱下鞋光着脚跑回家，但一到家就会挨一顿骂。当时我就是这么喜爱电影。我在小学三年级的时候从早到晚都泡在电影院里，那时候上映的电影我基本都看过。

与动作电影和战意高涨的军国主义电影相比，我更喜欢柔和一些的电影。川崎弘子饰演的悲惨母亲让我心生郁结，在吉村公三郎的《暖流》中，高峰三枝子失恋后为了掩饰泪水而在海岸边用海水洗脸的场景也让我感动不已。

当时小津安二郎导演的电影和《木石》《纯情二重奏》《爱染桂下情》三部电影非常流行，还有田中绢代、木暮实千代、水户光子等非常著名的明星。

奈良几乎没有引进外国电影。我是在进入京都的美术学校之后才第一次看到朱利恩•杜维威尔和雷内•克莱尔等人导演的外国电影作品。但当时我就算想看也没钱，所以常常很羡慕那些看过热门电影的人。

总之我对电影的狂热非比寻常，不看电影的时候我就会画一些演员的肖像画来当作消遣。比如有一部叫做《父亲在世时》的电影，那么我就会以《妻子在世时》为题思考一部新作。我会尝试将两个之前从未合作过的演员放在一起，然后选择导演和其他演员，将报纸和杂志上的内容剪下来拼贴在一起，再自己画上肖像画，写几句宣传语，做成报纸广告的样子，我一直乐在其中。

当我到了小学高年级的时候，开始对园艺产生兴趣。每天放学一到家我就会跑到后院的农田，栽培香豌豆、大丽花和风信子等植物。我的手指甲之所以有些变形发圆，就是因为那时候一个劲地挖土导致的。当时《主妇之友》和《妇人俱乐部》等杂志附送一本很厚的增刊叫做《趣味家庭园艺》，卷首彩色插图介绍的是位于田园调布的木暮实千代家庭院的园艺制作方法，我将这本书从头到尾一字不落地全都看完了。

我自己制作堆肥、除草、消毒，每天都很忙碌。在一无所有的土地上播种，眼看着它们生长壮大，这种季节变迁的过程实在是非常有趣。

我还有一个兴趣，那就是收集“花卉信息”，比如香豌豆的花，在奈良就算向老师请教，他们也说不清楚。因为当时在奈良根本没有这种花。但我看到书上说“香豌豆属于豆科植物，和豌豆很像，会开出粉色的花”之后，无论如何都想要看一看这种花，于是我拼命地找香豌豆的种子，花高价买下来并且种了下去。

当香豌豆第一次开花的时候，我心中的感动真的是难以言表。

当时我心中只有一个想法“原来这就是香豌豆花啊！”

我升入中学（奈良县立商业）之后，与农业学校校长的儿子成了朋友，我总是泡在他的家里。他家的院子里开满了水仙。如果是日本水仙的话那么谁都认识，但像喇叭水仙那样少见的品种，照片上的模样和实际开花时候的模样却是有所不同的，这让我非常感兴趣。

喜欢植物对于饮食生活也有所帮助。在这一点上，我可以说是从原始时代到高科技时代都体验过的人。战争年代连土豆和地瓜都搞不到，我只能摘掉蜂斗菜的叶子，食用根茎，或者用大豆煮饭，这与现代人的饮食习惯简直是完全相反的。

上了中学之后，我很擅长写作文。负责教我们国语的森口老师有个外号叫做“少爷”，即便在战争年代也仍然留着一头长发，给我们朗读夏目漱石的作品，是一位很有文学修养的诗人。当时他刚从学校毕业只有20多岁，每次我去他家里玩的时候，他都会用留声机放贝多芬和莫扎特的曲子。上作文课的时候，老师也总是会朗读我的作文。

有一次朗读课，我朗读了芥川龙之介的《蜘蛛之丝》。当我站在讲台上，刚开始读了第一句“有那么一天，佛世尊经过宝莲池畔……”的时候，教室里忽然哄堂大笑。似乎同学们都觉得这种装模作样的说话方式，与战争年代的学校氛围不符，十分奇怪。

我当时满脸通红，一句话也说不出来。就在这个时候，森口老师及时地出言相助道：“这就是芥川这位作家的文体，他从一开始就是使用这种文体来写作，所以一点也不奇怪，请继续念吧。”

相反我很不擅长英语。对于为什么在战争年代还要学英语这件事，直到现在我也没搞明白。教我英语的是高石老师，他的外号叫做“狂犬”，真的是一位像狂犬一样可怕的老师，在他的家里摆着一个巨大的弹珠台。后来老师的女儿与永井一正结了婚，真是让人大吃一惊。永井是大阪人，不知道从什么时候开始就和老师的女儿交往了。

我对手工也不怎么擅长。比如制作飞机模型之类的东西，我就因为粘不牢竹篾条导致模型很快就散架。明明大家都说我做饭的手艺不错，但不知道为什么我就是做不好手工。直到现在我仍然连一根钉子都钉不好，也不能用鸭嘴笔画线。即便如此，我却做了几十年的设计师。

战争年代的管制非常严格，每个人都只能领到勉强生活的配给物资。服装票和粮票能换到 3 根香烟或者 3 合米（译者注：合是日本的容积单位，每合等于 0.18 公斤，10 合为 1 升），但到了战争末期就连这种体制也无以为继，一直到新的体制出现之前，整个日本社会都处于无政府状态。同时日元贬值导致货币价值下跌，在和服换大米的原始经济状态下，战后的废墟都变成了黑市。就连有幸躲过空袭的京都，也在河原町七条周边形成了黑市。即便没有受到战争的直接影响，但人民的生活仍然困苦不堪。

很多人都被强行应征入伍。我有一个比我大 10 岁的舅舅，他是外祖母在很大年纪的时候才生下来的独子，因此十分宠爱。当他被强征入伍的时候，外祖母非常难过，整个人也一下子苍老了许多。随着战况愈发激烈，舅舅被从满洲调到南太平洋的大宫岛，不久便传来他战死的消息。

这位舅舅在我的印象里就好像是哥哥一样。虽然他的身材不高，但因为练习柔道的缘故身体非常健壮，我小时候经常被他用粗壮的胳膊抱进浴室。记得他对我也是非常疼爱。

中学时代的后半段每天都是学徒动员（译者注：日本在二战期间让中学以上的学生参与军工和粮食的生产工作）。最初是在位于守口的松下电器中进行了为期一个月的基础学习，然后在大和郡山的纺织工厂，每天早上 8 点起床进行发报机和收报机之类的焊接工作。随着增产的呼声日益高涨，不知何时连校舍都变成了松下的分工厂。

那时候我缠着卡其色绑腿上学，发现一路上和学校操场都变成了种植地瓜和南瓜的菜地，而校舍里则到处都摆满了各种机床。

中学的学业到二年级的时候就结束了，我在中学三年级和四年级的时候完全变成了一个工人。比我大 1 岁的学生都成了海军飞行预科练习生，而比我大两岁的则全都进了军队。如果再过一年，我也可以申请成为海军飞行预科练习生。

但是我最讨厌的还是模仿军队进行的训练。我一点也不觉得自己是什么军国日本的少年。因为我打从心底里讨厌战争，所以被周围的人称为“非国民”，受尽了欺辱。在学校的军事训练更加剧了这种情况。

训练完全采用军队的方式，10人左右的小队在一起集体行动。每天从早到晚都是持枪列队，走正步和向右转，只有我在每次向右转的时候都会转向左边。哪怕只有一个人反应迟钝，但因为扰乱了井然有序的规律，所有人都要受到惩罚。

学校里有一位农村出身的血气方刚的魔鬼军曹，一旦我出了什么错，所有人都要在炎炎烈日或者凛冽寒风中罚站，他会让大家大声地喊口号，甚至有时候还会把学生打得流鼻血。

我一直到现在都很讨厌运动，而且全身上下都害怕战争，很可能就是源自于这段经历吧。每当朋友们说不愿意和我一组的时候，我都恨不得立刻冲到哪个前线去为国捐躯算了。

少年时代的我体弱多病，特别是夏天哪怕在太阳底下多晒一会儿，也会变得好像枯萎的植物一样。我因为扁桃体手术住院治疗，失血过多导致皮肤苍白，于是我经常以生病为理由逃避训练，但在当时那个战火纷飞的年代，这是无法饶恕的罪行。我每天都必须忍耐着周围的蔑视，像罪犯一样服役。

我从上小学的时候开始就是比较偏爱文艺的人，所以被强行卷入如此硬派的世界，对我来说是非常难以忍受的。本来我就喜欢去看松竹的恋爱电影，阅读佐藤红绿和吉屋信子的少女小说。因为我还非常喜欢中原淳一，所以还模仿过《花诗集》等少女杂志中的插图。那时候的孩子们都临摹军舰陆奥和零式战机，我却临摹《花诗集》和《紫罗兰盛开之时》的插图。从这种意义上来说，我确实有些与众不同。

另一方面，我对歌舞演出十分着迷。奈良没有歌舞演出，要想看歌舞演出必须去大阪。

对于不了解奈良的人来说可能会感到有些意外，如果沿着大和川走的话，在抵达大阪之前会先经过堺市。其实明治时代堺县曾被编入奈良县。但不管怎么说娱乐还得是大阪。大阪对于我来说就是度过青春期的地方，是一座无可取代的大都市。在我记事之前，父母就带我去过从道顿崛到千日前的南区商业街。

道顿崛的热闹景象，我至今仍然记忆犹新。从东开始分别是朝日剧场、弁天剧场、角剧场、中剧场、浪速剧场这五座竖着旗子的剧院，千日前有歌舞伎剧场、芦边剧场、常盘剧场、大剧、八千代剧场等剧院，小巷里到处都是曲艺场和演艺场，大声招揽顾客的人更是随处可见。

大剧的松竹少女歌剧（OSK），在当时受欢迎的程度和宝塚不相上下，拥有秋月惠美子、苇原邦子、京町子等明星，以场面豪华著称的《春之舞》和《秋之舞》堪称经典。大剧是一座6层高的砖石结构西式建筑。从售票处到大厅正门是一段很长的台阶，顺着台阶往上走就是大厅，穿过一扇厚重的大门，展现在眼前的就是交织在蓝色和粉色灯光下的绚丽舞台。

在演出正式开始之前，聚光灯会先打在幕布上来回游走进行灯光测试，管弦乐队传来的合音更会勾起观众的好奇心，这种演出开始前的兴奋感觉实在是让我欲罢不能。

幕布拉开之前一片漆黑的剧院中首先传来一声“春之舞开场”，然后伴随着清脆的梆子声，舞台上所有的灯光都被点亮。高亢的女高音响起，灯光全都打在舞台上表现樱花盛开的布景上。随着表演的推进，灯光会不停地发生变化，当舞台完全被蓝色的灯光所笼罩时，我兴奋得几乎快要晕倒过去。

对于当时才十几岁的我来说，与去游乐场和动物园或者餐厅吃饭相比，我更喜欢这种如同嗑药一样的快感。

有一次，我独自一人坐电车去看演出时遭遇了空袭。空袭警报一响，观众们都被从剧院里疏散出来，戴上防空头巾躲进剧场前面的防空壕里。等看到“警报解除”的信号后，大家可以凭票根再次入场，演出会继续进行。不过，当时都是《猿飞佐助》和《桃太郎》等，或多或少以提高战斗意识为目的的歌舞剧。

1945年（昭和20年），也就是我15岁这年的夏天，战争终于结束了。我对战争结束这件事感到非常高兴，就好像终于又能看到晴朗的天空一样。特别是再也不用为了安全而被迫关灯了。因为奈良是一个相当保守的地方，所以我身边的人好像都因为日本战败而备受打击陷入虚脱的状态，甚至还有人嚎啕大哭，但我的心情却和这些人完全相反。

战争结束后的9月，松竹电影公司战后的第一部电影《伊豆的少女们》在大剧首映，作为电影的附加节目，岚雏助的《娘道成寺》也在战后第一次登上舞台。我非常想看这场公演。我从奈良挤上已经满员的电车来到上本町六丁目时，市内的电车还没有恢复运营，周围是一望无际的烧焦的荒野，熔化的玻璃就好像年糕一样贴在地面上。我穿过似乎还在冒着烟的瓦砾，一路跑到大剧。

道顿崛和千日前都没有了往日的光景，只剩下一片灰色的废墟。大剧的舞台上连幕布都没有，灯光也只有从顶棚上垂下来的几根电线，上面挂着三四个光秃秃的电灯泡，再加上100瓦左右的五六个地灯，这就是所有的舞台灯光。

这光景与其说是寒酸，不如说是悲惨。当然，既没有舞台也没有红毯。观众席周围的墙壁和天花板都被灰烬覆盖，还有不少发红的污渍，观众席上没有座椅，只是并排摆放了一些长凳。

即便如此，观众仍然爆满。但是没有人拍手喝彩，所有人都好像死了一样不声不响地看着舞台上的演出。

但是当我看完演出，一个人走在昏暗的荒野上时，会感觉自己看到了很美好的东西。战争才刚刚结束 1 个月就能够看到戏剧演出，这当然是很令人感动的。或许是因为《娘道成寺》之中，白拍子那红底金丝的华丽服装使我产生出的这种感觉吧。

大概是战争结束后的第二年，临近春天的时候，中学正式恢复五年制。当然在战时体制下 4 年毕业的人也会得到承认，成绩好的人甚至已经早早地开始准备大阪和京都的高中和大学的入学考试了。我所在的学年，既有决定读五年级的也有决定毕业升学的。

因为我出生于商人家庭，只要有中学学历就足够了，所以我打算继续读五年级。

有一天，教我们绘画的杉村老师问我想不想去美术学校，我之前从没想到竟然还有这种学校，心中顿时产生出一些好奇。

四年生的毕业典礼之后就是送别会。这究竟是自古以来的传统，还是战后特别举办的仪式，现在我已经不太清楚了，但不知道是谁让当时有些不合群而且没什么存在感的我来负责送别会的准备和举办工作。

当我走进学校的仓库时，发现箱子里堆满了灯笼和人造樱花。在这个箱子里充满了战争发生之前的运动会和学艺会这些和平年代的活动的气息。做工精美的红灯笼一点儿也没有褪色，这是在漫长的战争年代，人们许久都没有见过的“出色”手艺。

如同缎带般连在一起的人造樱花呈现出淡淡的粉色，那种栩栩如生的娇艳让我欣喜若狂。这不就是“春之舞”吗。冲破禁欲的灰色时代之后，在昏暗的仓库一角，和平终于如此清晰地呈现在我的眼前。

送别会的舞台就是讲堂的讲台，我模仿戏剧的舞台将人造樱花挂满一面。出演的学生们就好像掀开樱花的门帘一样登台亮相，这场送别演艺会大获成功。我觉得自己本来就是那种喜欢添加一些讨巧的元素，并且悄悄确认效果的人。

于是我当时就决定，即便会遭到家人的反对，我也要去美术学校学习。

二　画室剧场

战争结束后第二年的 4 月，京都市立美术专业学校（现在的京都市立艺术大学）破格举办了入学考试，我从奈良商业学校退学参加了考试。考题是对一朵带有红色斑点的黄色郁金香进行写生。此外我还以“樱花”为主题设计了一本书的封面。这主要是因为我对大剧的“春之舞”念念不忘，所以就用装饰派艺术的字体制作了这个以“春”为标题的封面。

虽然我中学时代的绘画成绩不错，但我并没有特别强的描绘能力，而且我也没有觉得自己很擅长美术或者说很喜欢美术之类的。因为是战争时期，美术之类的课程是最先被取消的。我就读的是旧制中学的商业学校，加之奈良这个地方本来就保守，缺乏大都市的特性，可以说完全是处于设计的对立面。

负责教我们绘画的杉村老师是毕业于东京艺术大学的雕刻家，即便在战火纷飞的那个黑暗年代，他仍然保留着一份艺术家的气质。或许老师认为我比较适合学习美术，所以他对我说：“你的时代即将来临，不如去美术学校尝试一下吧。”

万幸的是，完全没有什么美术基础的我竟然考上了图案系。我的父母虽然认为靠美术很难维持生计，但考虑到图案系将来总会有些出路，所以才勉强同意下来。

当时还没有“设计”这个词，只有图案。与设计相比，图案这个词具有相当悠久的历史，在江户时代主要指友禅的花纹、陶艺以及漆工之类的图案，后来到了大正时代才隐隐约约有了商业美术这么一个概念。所以像现在的年轻人满怀憧憬地报考设计类院校这样的事情，在当时是完全难以想象的。

那时候整个日本都没有将商业美术作为正规课程的美术学校。所以我虽然在学校里学习工艺和图案，但直到走入社会之后才第一次接触到商业美术这个范畴。对于当时的我来说，完全没有什么设计的概念，当时最流行的就是电影和戏剧的宣传海报，或者百货公司和附近商店的特价广告之类。

虽然当时在东京已经有像日本工房这样从事设计活动的团体，但我直到毕业后前往大阪之前都不知道他的存在。京都根本没有这样的消息。尽管在维也纳学习过分离派的上野伊三郎老师给我们讲过包豪斯风格的艺术表现形式，但我总觉得这些都是发生在遥远国度的事情，似乎与我印象中的主流有些出入。

16岁就入学的我是班上年纪最小的学生，其他人都是二十二三岁满脸胡须的退伍兵。虽然栗过博只比我大1岁，但应届毕业生总共只有三四个人，这让我感觉很没面子。前辈们晚上经常去京都一个叫做中书岛的著名红灯区玩乐。第二天上学的时候就会互相谈论昨天晚上的情景，但每次我靠过去的时候，都会被他们以“小孩子到一边玩去”为由赶走。

因为战争刚刚结束，所以校舍里面没有暖气，大家都被冻得发抖。于是学生们在练习绘画时只能拆了课桌烧火取暖，结果课桌也越来越少，到我毕业的时候一张课桌都没剩下。在这样一个好像《罗生门》一样的年代，与其说大家品行恶劣，倒不如说是被生活所迫。

饿死这种事随时有可能发生。京都虽然没有受到战争的直接影响，但也只是房屋幸免于难罢了，如果没有赶上回家的末班电车不得不留宿在朋友家里的时候，就必须自己带米，否则连一碗粥都喝不到。当时涉及食物的问题就是这样冷酷无情。

因为战争刚刚结束不久，所以我就读的美术学校并没有太多的机会接触到国外的先进设计，那时候我也还没有对美国电影和杂志等设计产生憧憬，反而是美国大兵丢弃的烟盒让我看到了下一个时代。

当时没有设计的课程，制作海报也只有一年一次的程度，绝大多数的课程都是围绕着京都的工艺展开的。

我当时完全不知道图案到底意味着什么，成为一名设计师又意味着什么。我甚至连油画颜料都不会用。在此之前我从来没有进行过将油画颜料挤到玻璃板上，加入胶水用调色刀搅拌的工作。因为我加入的胶水太少，就算反复涂抹上色，底层的颜色也会剥落，画好的画经常只过了一个晚上就报废了。类似这样的失败简直数不胜数。

我有很多不擅长的科目。徒手上色还算是比较简单的，对于精确地画出建筑图纸这样的科目我只能举手投降。我的兴趣之所以转移到现代设计和抽象表现上，或许就是因为我不适合彻底的模仿吧。

我的专业是染色，制作过一些蜡染的屏风。临摹莳绘的手匣对我来说是一个非常痛苦的过程，对于临摹出一模一样图案的工作我只能感到单调和枯燥。至于基本功方面就是静物写生。我会在写生的基础上，将平面的图案半实体化。我现在仍然喜欢半实体化，可能就是因为在当时受到的影响。这种半实体化虽然不是抽象的，但因为是以写生为出发点，所以在作品中往往能够看到相对写实的轮廓。

我在美术学校里，有很多朋友的父亲都是日本画家或者陶艺作家，相反我的家庭环境和艺术没有丝毫的关系。因此每当面对艰难的艺术创作时，偶尔会产生出一些疑问和困惑：我为什么会选择这条道路，我为什么必须要面对这么痛苦的临摹过程，是否回老家做生意会更好一些。

我第一次认识到设计这个概念是通过服饰。当我认识到设计这个词并且理解了设计的含义之后，我逐渐意识到自己不是图案家，而应该成为一名设计师。当然我真正成为设计师，是在我毕业后来到大阪成立“A 俱乐部”的时候。但即便如此，我当时仍然萌生出了成为设计师的意识。

希望为百货商店制作宣传海报也是在那个时期萌发的念头，当我看到早川良雄为卡隆西式裁剪和近铁百货商店的秀彩会海报之后，就产生出了自己也想一生都从事这个工作的想法。

不可思议的是，我毕业时候的成绩还不错。前几年，我将自己的毕业作品赠送给了冈崎儿童美术馆。那是一幅蜡染屏风的草图，主题在当时来说相当独特。虽然描绘的是梅花、红叶、鱼、鹭、鹤等图案，但很有日本美术展览会和日本美术院展览会工艺部的风格。

课外活动可以说拯救了我的学生时代。尽管我对学校的课程没什么兴趣，但对戏剧却仍然狂热。戏剧部的画室剧场就是我的生存意义，我甚至感觉从某种意义上来说，我就读的是美术学校的画室剧场专业。

我入学后马上就加入了画室剧场。画室剧场似乎战前就已经存在，但在战争时期消失了，战后那些喜欢歌舞伎和戏剧的人们又自发地聚集到一起重新成立了画室剧场。

我从画室剧场重建后的第一次演出开始，一直到 1950 年（昭和 25 年）为止都是画室剧场的成员。因为京都在战火中幸免于难，因此艺术活动的复兴要比日本的其他地方都更早一些。总之从 1945 年二战结束到 1950 年朝鲜战争开始之前的这段时间，日本都充满了云开雾散般明快的自由感。

虽说有了自由，但当时画室剧场的主打节目却充满了美术学校放荡不羁的风格，显得非常与众不同。画室剧场在战后复兴的第一场演出，是冈本绮堂的《修禅寺物语》。

美术学校和普通的学校不同，想获得在华丽的舞台上扮演主要角色的机会非常困难。我当时饰演的是一个叫做行亲的角色，第二幕里在伊豆的桂川河畔挥刀砍向赖家的叛逆家臣。从大一到大四总共有 30 余名学生参与演出，饰演枫的就是现在仍然作为舞台服装师活跃在一线的绪方规矩子。

画室剧场的第一次公演是《修禅寺物语》，第二次则变成了歌舞伎的《名工柿右卫门》，第三次公演是梅特林克的《佩利亚斯和梅丽桑德》。对于学生演出来说，这就像是一群业余爱好者表演的滑稽节目。当时只有十七八岁的我竟然饰演了《修善寺》的行亲和《佩利亚斯》的国王阿凯尔，现在想起来还是让人忍俊不禁。

当时大家对舞台的设计可谓是绞尽了脑汁，校园内剩余的课桌都被搬到剧场，涂上白色的油漆后搭建成临时舞台，虽然当时大家都年少懵懂，却也是将青春的智慧发挥得淋漓尽致。我们要等到其他学生放学后才能去学校，学业则完全被扔到了一边，大家都在深夜里啃着杂粮面包或者地瓜，忘我地进行着排练。

我在画室剧场的 4 年间特别值得一提的，就是我们编排了木下顺二的《夕鹤》，并且在日本进行了首演。

当剧团的活动持续了三四年的时候，虽然我们当时仍然年少，但也逐渐理解了一些戏剧和表演的内涵。有一天绪方拿来一本1949年的《妇人公论》，希望大家能够将刊登在上面的文章《夕鹤》编排成戏剧。传说的美好、社会与人类生活的结构、创造与物质、劳动与榨取、人类的欲望与好奇心以及爱之间的关系等等，全都凝缩在这个短篇小说之中，我们对于这一发现兴奋不已。而且当时大家都想拿出一个真正的舞台成果来，我们邀请了关西艺术剧院的岩田直二来指导我们的演出，最后决定由绪方饰演仙鹤阿通，我饰演农夫与平。

在从梅雨季节开始一直到10月初为止的酷暑中，大家每天都在岩田先生的严格指导下进行排练。有时候同一句台词我们一天大概要重复几十遍。岩田先生也不会告诉大家具体的原因，只是反复地让大家“重来一遍”。一般在歌舞伎排练的时候老师会先做一遍示范，而新剧则没有这样的示范。所以关键就在于自己的判断和思考。

1954年的秋天，我们的节目在新闻会馆上演，大获成功。京都新闻用很大的篇幅刊载了相关的报道。因为这是《夕鹤》在日本的初次公演，我们画室剧场也得到了正式的认可。《夕鹤》的舞台美术设计者是后来去了读卖电视台的板坂晋治，另外一个剧目，莫里哀的《女学者》的舞台美术设计者则是栗辻。

栗辻是从第二次公演《名工柿右卫门》时加入画室剧场的。当时的成员中，有不少人后来都进入了东映的演出部门，或者成为了美术导演。还有一些工作人员平时都在专业的团队里兼职，所以在舞台设备和灯光照明方面也逐渐走向专业化。

我一直做演员，完全没有想过参加舞台美术的设计。虽然我也考虑过宣传的问题，但从没制作过海报。因为我写字不好看，所以只能告诉别人“把字放在这个地方”“应该做成这样的效果”，用现在的话说就好像是艺术总监（AD）做的事情一样。因为我比较偏爱少女歌剧的风格，所以在《女学者》的海报宣传语中写了“豪华华丽的舞台服装”之类的话，结果被岩田老师狠狠地训斥了一顿。

为公演筹措资金也是一件令人头疼的事，大家打工赚的钱全都贡献给了剧团。当时我们把道具都放在巴士里面，像流浪剧团一样以女员工居多的宿舍礼堂为主进行巡回演出。我甚至还偷偷从家里拿出毛毯和西装衣料卖掉换钱，在实行衣物配给制度的当时这些都是非常珍贵的东西。因此毛毯在黑市上能卖一个好价钱。画室剧场的所有成员几乎都是用同样的方法来筹措资金。

但我们的《夕鹤》属于擅自公演。当时在四条河原町的高岛屋有一个叫做公乐会馆的剧场，首次公演是俳优座的《费加罗的婚礼》。千田是也主演，村濑幸子和东山千荣子等人参演。第二个月就是山本安英的《夕鹤》，这也是《夕鹤》首次由专业剧团进行的公演。我们前往公乐会馆拜访了木下先生，在观众席上木下先生对我们擅自公演的行为进行了严厉的谴责。

除了画室剧场，还有一样东西同样征服了我的心，那就是宝塚的演出。我经常和栗过两个人一起去看宝塚的演出。1964年，《春之舞》和《卡门》再次登上宝塚的舞台，在豪华绚烂的舞台设备和耀眼的灯光中，年轻漂亮的女舞者们伴随着波莱罗舞曲、伦巴、布吉乌吉舞曲的轻快节奏翩翩起舞。在战火中度过了灰暗青春的我们，完全沉浸在其中，在大约两年的时间里我每个月都会去看宝塚的演出。热衷于宝塚的这两年，我几乎看遍了越路吹雪、淡岛千景、乙羽信子等人的所有作品。

大阪的梅田电影剧场旁边就是北野剧场。这里在驻军之后重新开放，春日野八千代的《匹诺曹》也再次拉开了帷幕。在此之前我在松竹看的都是歌舞秀，而《匹诺曹》更像是音乐剧，从开头到结尾都充满了童话氛围。

芭蕾舞《天鹅湖》也很令我感动。因为芭蕾舞演员谷桃子是绪方的表妹，所以我有幸能够免费观看大阪公演。我被芭蕾舞那古典的格调和高贵的气质所折服，从中看到了完全不同于少女歌剧和宝塚演出的东西。我甚至开始怀疑自己之前看过的那些东西都是冒牌货。

从歌舞演出到宝塚，再到俳优座和民艺剧团的正式新剧，我看得越多对戏剧的兴趣就愈发浓厚，也感觉自己逐渐得到了成长。其中最令我感动的当属村山知义导演的民艺公演《破戒》。宇野重吉饰演丑松，其他参演人员有森雅之、泷泽修、山口淑子等人。这是只属于民众艺术剧场的民艺剧团。泷泽修导演，森雅之主演的《匠人之恋》也给我留下了深刻的印象。新剧带给我的震撼使我感觉自己接触到了真正的戏剧，这让我兴奋不已。虽然我看的绝大多数都是民艺剧团的演出，但文学座的岸田国士《蒂罗尔的秋天》和森本薰的《华丽一族》我也看过。

我在京都的 4 年间，整个身心都沉浸在戏剧之中。即便如此，我在学校的成绩却不可思议地很优秀，似乎根本不用担心毕业的问题。

在京都，从染织、陶器到日常的衣食住行，在高品质的技术与合理性的支撑下，市政府优雅的构思与市民们的创意完美地结合在一起，并且渗透进市民的生活中。我在很久之后才意识到，这种与根据西欧的理论构筑起来的文化完全不同的地方，才是日本设计的源流。

奈良没有，京都才有的创意；奈良没有，大阪才有的精彩，这些在我的设计人生中都具有非常重要的意义。

I **II** III IV V

IKKO Tanaka

田中一光自伝
われらデザインの時代

一　大　阪

1950年（昭和25年）从京都美专毕业之后，我进入钟渊纺织公司工作。在我搬到东京之前的7年里，我先从奈良来到大阪，以大阪为中心工作和生活。

画室剧场的同期生几乎全都从事了与戏剧多少有些关系的工作，栗过博本来和我一样都进入钟渊纺织公司工作，但因为他在学生时代的后半段曾经在宝塚描绘过舞台背景，所以后来他去了宝塚。绪方规矩子一直以进入服装界为目标，果然她一年以后也进入了钟渊纺织公司，其他人有的去了读卖电视台兼职做舞台美术设计，还有的负责舞台灯光，甚至有人成了演员。

一旦当过一次演员，站在舞台上享受过观众们的掌声，就会爱上这种感觉。因为就职而不得不离开画室剧场，就好像被强迫戒烟一样难受。作为观众在台下观看演出，和亲自参与舞台设计的感觉是完全不同的，因此只会让人感到更加欲求不满。

但是对我来说，钟渊纺织公司才是真正意义上的“学校”。在物质极度匮乏的年代能够在钟渊纺织公司接受近乎奢侈的教育，实在是让我受益匪浅。

当时的钟渊纺织公司处于鼎盛时期，东洋纺织、钟渊纺织、敷岛纺织、仓敷纺织公司比后来的电器产业和汽车产业都要更加兴盛，丰田和索尼公司开始发展那都是昭和30年代之后的事了。当时大学毕业生普遍就职困难，我能够进入这家公司简直是一个奇迹。

在钟渊纺织公司我本来希望进入宣传部门，但是却被分配到了纺织品部门。在宣传部门里有许多像上田健一这样在关西十分著名的设计师，但当时宣传并不受人重视，所以宣传部门也不需要那么多人手。

当时日本的纺织品以染色棉布为主，主要出口东南亚和中东等地，设计比较粗犷，大多采用原色，很难打入法国和美国市场。但是钟渊纺织公司打算在日本特产的丝绸上印制图案然后出口法国。当时的欧洲只有意大利在做丝绸印染的工作。

当时钟渊纺织公司的创意部长是木下胜次郎。木下和佐伯祐三都是以成为画家为目标出国留学，但在巴黎留学的18年间，木下却逐渐转向印刷品设计。回国后木下进入钟渊纺织公司，1950年，创意部从都岛的总部工厂搬到了位于船场的银行大楼。创意部完全以木下在欧洲的经验和思想作为自己的准则。

我就在这个创意部里工作。当时日本的街头刚开始出现荧光灯和帕青哥游戏厅。车站前还残留有一些黑市，但能买到的酒就只有浊米酒，当时甚至还有过要求配给三合米的游行。

位于大阪中心区域的事务所，有法国归来的部长，法国籍的女性设计师，每一个都拥有非常奢侈的工作环境。广告画颜料全都是英国产的温莎牛顿或者荷兰产的泰伦斯。而且这些鲜艳的色彩都是从铅制的软管中挤出来的。当时在日本这种铅制软管装的广告画颜料尚未普及，但在创意部却可以随心所欲地使用这些颜料。就连纸张都是瓦特曼纸，所有的一切都是我之前连名字都没听过的高级货。还有不少东西甚至连专家都没见过。

木下对美的发现和创作不遗余力，而且他是完美主义者，为了能够做到最好，他不在意任何浪费。他从巴黎招聘设计师，新的信息资料也要购买战后日本最好的。

Vogue、*Harper's BAZAAR*、*Jardin Des Modes*、*Modern Fabrics* 等欧美顶级的时尚杂志通过航空件被源源不断地送到创意部。勒内·格鲁瓦用粗线条勾勒出的罗特列克风格女性的香水广告插图，欧文·佩恩的照片，全盛期的克里斯汀·迪奥的红色外套，夏加尔、马蒂斯以及劳尔·杜飞的特辑，这些洗练的色彩和设计所带给我的感动让我至今难忘。

毕加索和米罗等艺术巨匠还在兢兢业业地发表新的作品。除此之外在这些杂志上还刊登有达利和玛格丽特等大师的作品，我在受到强烈冲击的同时也学到了很多东西。当时是美国最好的时代，法国也一片生机勃勃，只有日本还处于一无所有的蛮荒时期。在创意部之中有很多能够满足我好奇心的材料。

当时我的主要工作之一就是从法国购买印花的原画，然后对其进行复制。说是复制，其实就是用一幅花卉图案填满一件布匹，需要在布匹上连续重复10厘米或20厘米左右的图案。所以从法国购买一副原画，然后对这幅图案进行复制，再多少加入一些变化填满整件布匹，这就是当时我的工作。

要想完美地再现色调非常困难。法国的设计师们描绘的原画上有一种绿色，我试了很多遍也调不出一样的色调。如果对方用的是温莎牛顿的颜料，那我也用温莎牛顿的颜料就应该能够调出一样的颜色，但实际上却不一样。在这个问题上是绝对不能妥协的。为了追求纯粹的美，必须对颜色严格要求，于是我不断地调试颜料，然后再一桶一桶地倒掉，直到能够调出和原画完全相同的颜色为止。

或许正是因为如此严格的训练，经过一两年之后我逐渐能够调出一模一样的色调了。即便是同样的绿色，我也能够区分究竟是偏向黄色还是偏向茶色，或者是否应该加入红色等细微的区别。

直到现在，我在观察一把椅子上的图案之后，回到事务所也仍然能够调出完全相同的颜色。我走在街上如果看到自己喜欢的颜色，回去后能够调出一模一样的来。事务所要换椅子的时候，我会拿着颜色样本对助手们说明我订购的椅子的颜色，而一两周之后送来的椅子果然就是同样的颜色。这都离不开我在钟渊纺织公司时期进行的训练。

与背单词一样，人类对色彩也是有记忆的。就好像“悲伤”这个词包含有许多细微的差别一样，“红色”也具有许多种不同的色调表现方法。色彩的单词量非常重要，这是我在钟渊纺织公司学到的最重要的事。

我在钟渊纺织公司不只复制原画，还负责过纺织品的设计工作。栗过设计的纺织品上花朵的图案都交织在一起充满栩栩如生的动感。而我和栗过的风格有些不同，设计出来的图案总是好像海报一样。正如海报和纺织品完全不同一样，我的设计风格比较适合去海边度假时穿的夏威夷衫，但却不适合贵妇人身穿的丝绸外套。

不过我多少也设计出了一些产品。松竹少女歌剧《秋之舞》与钟渊纺织公司是合作伙伴，那些舞者的服装面料全都是由钟渊纺织公司提供的。因此我也得到了设计舞台服装的机会，由于这是我从小学时候就一直梦寐以求的工作，所以干劲十足。当我设计的服装全部得到采用时，那份喜悦真的是难以用语言形容。

但在1952年的夏天，因为朝鲜战争爆发导致世界局势变得动荡不安，受此影响钟渊纺织公司也开始进行了人员调整，工作刚刚两年零5个月的我惨遭解雇。当时我被叫到领导的办公室，领导说我的设计风格与公司的风格不符，如果我现在主动辞职的话可以多给我一些离职金。结果我就以主动离职的名义被解雇了。

创意部有30名左右的员工。除了栗过和我，还有同样画室剧场出身在第二年进入公司的绪方，第三年进入公司的松井忠郎，以及后来和栗过结婚的前田早重——她是在高中毕业的同时进入公司的。在如同《波西米亚人》一样的工作环境中，我们尽情地挥洒着自己的青春灵感。

因为画师剧场的4个同期生齐聚一堂，所以我们每天都聚在一起谈论戏剧的话题，我甚至被误认为是左翼分子。因为当时新剧就等于是左翼。虽然文学座稍微有些不同，但是如果没有左翼思想作为基础新剧本身是难以成立的。在当时那个时代，文化人都会装出左翼的模样，因为如果不是左翼的话就会被认为没有文化。

当时我在下班后为了从头开始练习设计而去了行动美术协会的研究所，在那里我和在朝日会馆宣传部工作的江端种男成了朋友。他和妹尾河童是同事。我甚至得到了免费观看歌剧、芭蕾、电影、新剧、梅纽因和海菲兹的小提琴演奏的机会。

在钟渊纺织公司工作期间，不论好坏我都必须对自己的未来做出选择。当时我享受着最优秀的文化熏陶，身边都是刻苦钻研纺织技术的同事，我虽然想要制作海报却不知道应该从何做起，身边还有很多朋友都活跃在戏剧的舞台上，我对于自己究竟应该选择哪条路充满了困惑。

在钟渊纺织公司就职的画室剧场成员中，只有我被解雇了，栗辻和绪方来我家玩的时候从来都不会提起这件事。但我却感觉非常丢人，一直没有对母亲提起这件事。我变得自暴自弃甚至想要自杀，于是在某个大雪纷飞的日子里，我去了金泽的白山。我先到金泽下了车，然后搭乘前往白山的电车到了一个叫白山下的车站。但是这个地方的积雪几乎没过了我的胸部，根本迈不开步子。我拼尽全力也只不过从车站往前走了 100 来米，最后我不得不放弃了自杀的念头。

但我一直也没有找到工作，只能每天早上带着便当出门，在中之岛公园一个人吃完便当，无所事事地晃悠一天之后回家。

看起来好像很轻松，其实每天我的心情都很痛苦。为了排解这种痛苦，我经常去朝日会馆里玩。妹尾他们经常在屋顶上画一些“下周上映”或者“谷桃子芭蕾舞团公演”之类的招牌和海报，而我则在一旁帮忙。

虽然现在已经无法得见，但朝日会馆的室内装修采用的是埃及风格，包括大门在内的一切都画着埃及风格的图案，是一座非常漂亮的剧场。不过，有一天我向剧场里面瞥了一眼，发现以前颜色灰暗的幕布竟然换成了让人眼前一亮的现代艺术风格。

那是吉原治良设计的幕布。焕然一新的幕布充满了时代感，散发出耀眼的光芒。泛白的底色显露出白银的质感，高举双手的三人群像、漂亮的鸟、由黄色和黑色的斑点组成的不知是虎还是豹的动物，这些形象都以非常单纯的形式组合在一起。它们出色地暗示了设计和艺术的结合，并且向我展示了今后设计的方向性，使我感受到了醍醐灌顶般的冲击。从那以后，每天白天到昏暗的剧院里欣赏幕布就成了我的乐趣之一。

遗憾的是，朝日会馆现在已经被拆除，虽然幕布和原画都被送到兵库县立近代美术馆保存，但也已经被处理掉，现在已经再也看不到了。

当时产经新闻社正在樱桥修建办公大厅，我抱着一丝希望，想试试看自己能不能像妹尾一样在这里发挥自己的才能。结果在曾经解雇我的钟渊纺织公司领导的介绍下，我顺利进入产经新闻社工作，这不得不说是命运的捉弄。我拿着介绍信前去面试，当场就被录取了。

但我却被分配到了文件科，这是一个与设计毫无关系的部门。虽然这里也有一些颜料和绘画工具，但实际上我的工作就是写写奖状、做做合同，也就是类似于秘书科一样制作文件的部门。我就像白拿工资一样，从上班到下班都没有什么特别需要完成的工作。因为感觉上班的时间过得很慢，我甚至给邻座的前辈画肖像画来打发时间。

不能创作也不能绘画，这种枯燥的痛苦折磨着我。我只能无聊地等待着从公司下班的时间。

一到6点，我就沿着公司大楼后面的楼梯跑去4楼，尽管没有任何人的委托，但我仍然跑到后台去画一些“下周上演”和“预售开始”的海报。海报只是说起来好听一些，但实际上就是用油画工具画一些招牌和通知之类的东西。

印刷物每隔一周或两周就会出版一次，我在一年的时间里画了大量的海报。看着这些海报被贴在剧场大厅的墙上和大楼的入口处，是我每天焦躁生活中唯一的乐趣，也是对欲求不满的一种发泄。

但这毕竟是我擅自进行的工作。所以我总是感觉有些心虚。

尽管是下班之后的时间，尽管都隶属于同一个集团，但我做的却是两个不同公司的工作。

我还是坚持画海报，有一天突然接到秘书科的电话，说社长找我有事，让我立刻到2楼的秘书科去一趟。我心想恐怕又要被解雇了，当我战战兢兢地走进秘书科的时候，却发现吉原坐在铺着白布的大沙发上。

“电梯前面贴的那些海报都是你画的吗？”

“是的。”

“上周那个蓝色箭头的海报也是你画的？”

“是的。”

对于我来说，此时就如同考试及格了一样。

1953年的时候，开始流行一种奇妙的时尚秀。当时的时尚秀是文化的象征，是非常具有影响力的活动。就连《产经新闻》都大力报道在 *Vogue* 杂志上活跃的模特，还亲自举办了克里斯汀 • 迪奥的时装秀，邀请纽约的当红模特前来参加。舞台上的迪奥和日常生活中的服装有着天壤之别，不仅能够欣赏服装，同时还有交响乐伴奏，并且收取高额的入场费，就好像是某种舞台表演一样的时尚秀，真的是非常适合那个时代。

吉原担任时尚秀的舞台美术工作，似乎需要一个助手。我手绘的海报得到了身为艺术家的吉原的认可。仿佛从天而降的幸运让我兴奋得浑身颤抖。当时我最尊敬的艺术家竟然邀请我做他的助手，这完全是神的指引。

吉原是位于中之岛的吉原制油公司的少爷，因为喜欢绘画而前往巴黎留学，除了画家这个身份之外，他同时还是吉原制油公司的社长。吉原的私人府邸就位于阪神电铁芦屋车站的前面，我大概每周一次会前往他家玄关附近的会客厅，帮助他将舞台设备按照设计图制作出来。吉原不知道我在学生时期曾有过戏剧演出的经验，但因为我多少拥有一些舞台知识，所以我们在关于空间结构和灯光等方面的沟通都非常顺畅。

这个由当红模特出场的时尚秀从大阪开始，随后在两年的时间里又在福冈、广岛、冈山、高松、东京等地的剧场进行了巡演。

吉原当时居住在银座并木通一个叫做冈半的料理旅馆。那地方就在我后来就职的阳光广告（Light Publicity）公司的正对面，在现在的资生堂总公司附近。当时产经新闻社的大楼就在有乐剧场的后面，穿过好像阿姆斯特丹一样沿着运河修建的大桥就可以往返于冈半和产经新闻社的大楼。因为河流一直延伸到那边，所以就连数寄屋桥附近也有桥梁。

吉原是第一位加入东乡青儿成立的二科会的人，由此可见他具有超前的时代意识。当时的《流泪的脸》和《少女与鸟》等作品给我留下了极其鲜明的印象，直到现在我仍然记得这些作品的构图，一扫之前作品中的灰暗，瞬间变得明朗起来。吉原受藤田嗣治的影响很深，经过那个令人回忆起俄国前卫派艺术的时代之后，因为受战后超现实主义的影响，他从描绘具有保罗克利阴暗风格的文学性世界转向对另一个世界的探索。

那是吉原成立具体美术协会大约一年前的事情。我记得最初的工作就是设计朝日会馆的幕布。

我开始担任吉原助手时，还在文件科工作，但因为时尚秀的成功，我被调到了资材部。资材部是负责将事业部企划的海报提供给公司内部的部门，经常与凸版印刷和大日本印刷等印刷公司往来。

在资材部，我跟随前辈小川义人学习照相排版、纸张裁剪、宣传册制作等具体的设计技术。我在学校的时候整天都在琢磨戏剧表演，在钟渊纺织公司也只从事过纺织品设计的工作，虽然我用手绘的方式随心所欲地画过不少作品，但对于真正的平面设计我还是知之甚少。

我经常在资材部的仓库跟前画海报，后来除了舞台美术的工作，我还帮吉原制油公司做了一些设计的工作。吉原制油公司生产的黄金色拉油的美术字体、商标及包装都是由早川良雄设计的，我则设计了内刊、宣传册和赠品包装。

好不容易开始从事平面设计的工作，我却突然被调到了广告部。如果能够负责大型的广告企划倒也很有趣，但当时报社广告部的主要工作就是给当地的钢铁厂和旅馆制作一些小版面的广告。

那时候凸版印刷和铅字印刷还不能同时使用，所以如果是铅字印刷的话就必须全部使用铅字印刷，如果在广告中有 LOGO 风格的设计，那就必须全部用凸版印刷。因为客户在设计上的要求比较多，这样一来电话号码和地址等内容全都得手写，需要在 1 厘米的空间写下 3 行字。大约有 10 名左右的技术人员兢兢业业地进行这项工作。

我不喜欢这样的工作，于是非常任性地申请调往事业部。

事业部的工作非常繁忙。但是和之前那些交流内容极其有限的狭小世界相比，事业部那种如同沉浸在一碗什锦饭之中的氛围让人感到非常有趣。在报社的事业部可以参与数不清的企划，拳击、马拉松、插花大会、书法展、乒乓球比赛、儿童画展、芭蕾舞节、轻音乐大会等等。这些都是为了增加报纸销量而举办的促销活动。还有和大丸、阪急等百货商店合作进行的企划。

事业部整体来说气氛比较活跃，几乎没有坐在办公桌前的时间。大家外出的频率很高，要是赶上游行之类的活动所有人都要去拉横幅，拳击比赛的时候必须在入口处检票。所以我只能趁着休息的时候设计海报和宣传册。那时候我几乎每天都坚持制作海报。

被调往事业部的同时，为了准备下一次的时尚秀，我也成为了吉原的专属助手。事业部准许我每周去吉原家两次协助设计。这对于我来说是非常值得骄傲的事情。

“产经能乐”的海报就是我在事业部的工作之一。当时《朝日新闻》抢先一步介绍了大阪的能乐公演，观世、喜多、宝生、金刚、今春这五个流派获得了大量的关注。能乐堂技能容纳两百名左右的观众，但剧场则能够容纳上千名观众。因此在剧场里表演能乐是将日本的古典艺术大众化的最好方式。

产经新闻社与观世合作，于1952年企划了“产经观世能乐”。我从第一次公演一直到现在制作了接近40次海报，在我辞去工作的30年间，这可以说是与我合作时间最长的客户。

一般来说能乐的海报都是由比较年长的设计师来负责设计的。我当时虽然只有23岁，但由于我是报社事业部直属的设计师，像拳击、插画、芭蕾、时尚秀等产经新闻社主办的活动都由我来设计海报，因此设计能乐的海报对我来说只不过是分内的工作罢了。

不过我毕竟是生于奈良长在京都的人，所以在能乐的海报制作上我也称得上是有些天赋。

二　A 俱乐部

当时有一本杂志叫做 *Press Art*。这是一本 B5 大小的会员制小册子，只有 16 页左右，里面会刊登一些解说和评论，杂志的赞助商一般要印刷上千张海报，专门多印出 100 余张折叠起来装进文件夹里随杂志附送。在当时的大阪，这是唯一用于宣传的定期刊物。

年轻人就是能够从为数众多的出版物之中，依靠敏锐的嗅觉找出志同道合的朋友。通过这本杂志，我和永井一正、木村恒久、片山利弘如同磁铁一般互相吸引，进而相识。在不知不觉之间，我们成了无话不谈的好朋友。

我们 4 个人以 A 俱乐部的名义，不分白天黑夜地聚在一起谈天说地。有时候直到深夜一两点钟我们还在互相点评对方的作品，或者从设计的未来谈到最近看过的电影或戏剧，说累了就去片山位于心斋桥的画室，或者去永井在阿波剧场的公寓，几个人把枕头摆在一起躺下就睡，每天都过得很逍遥快乐。

木村是我们几个人里的老大。他非常推崇包豪斯艺术，对流亡美国的赫伯特•拜耶、威尔•伯奇和赫伯特•马特等人的作品充满热情，同为热血青年的片山也与他产生了共鸣，两人经常聊得唾沫四溅。我在制作观世能乐的海报时之所以经常使用能面的照片，就是因为受木村的影响。

木村就读于大阪市立工艺大学，早川良雄和山城隆一都是他的前辈，他从毕业后就一直在泽村彻的设计事务所工作。他不管在描绘文字、勾勒线条还是上色方面都具有高超的技术，而且提交的作品没有丝毫的破绽，非常完美。但名为“木村相机”的粘贴画惊艳世人，则是20年之后的事了。

永井比较特别，他总是冷静地观察两人的争论，始终面带微笑地保持沉默，不过一旦两人之间爆发出舌战的火花，他就会好像变了个人一样，长篇大论如同滔滔江水般连绵不绝。永井能够摒除争论中的感情部分，得出非常具有条理性的结论。

当时永井从东京艺术大学退学后成为大和纺织公司的员工，负责衬衫包装和销售报告书的设计工作。因为他滴酒不沾，所以那种大家喝醉了以后勾肩搭背相互倾诉男人的倔强、工作的好坏、青春的悲喜之类的事情在他身上是绝对不会发生的，他总是保持着一种近乎洁癖的理性视角。

在我们4个人之中，只有片山拥有一个做图案家的父亲，因为他从小就在画室里长大，所以对专业的设计知识耳濡目染。再加上他是一个特别讨厌失败的拼命三郎，所以即便他成长于大阪这样一个非常大众化而且经济发达的土地上，仍然对这种日耳曼式的理念深信不疑，并且不断地尝试说服别人，甚至让自己的设计陷入一种难以回旋的境地。

现代设计的新造型思想与日常设计的社会性和大众性之间存在的巨大差异，他比任何人都有更加深刻的体会。

虽然当时人们已经开始使用平面设计之类的词汇，但还没有树立起一个明确的概念。我们对自己的定位也非常模糊，因为“商业”和“美术”之间的关联性与区别而充满了焦躁。但是在我们的头脑中“我们是设计师，不是图案家”的意识非常强烈，甚至对于具有旧时代感性的作品常常抱有一种批判的目光。

同时，基于“平面设计不是绘画的延伸”这一宗旨，我们认为自己不应该以插画家为主导，而坚决作为设计师来进行创作。

在当时那个物资匮乏的年代，印刷品的贵重程度现在几乎难以想象。全彩印刷的海报，即便是顶尖级别的设计师一辈子也只能创作几张而已。哪怕是大型活动或者商业宣传，海报的尺寸最大也只有B2，上色全是图版，照片则是人工上色。因为设计师在海报上凝聚了大量的心血，所以在制作海报时必须非常慎重，每一道工序都是经过深思熟虑和缜密的设计，力求完美地呈现出海报的目的性和艺术性。

构思是从将几个创意画到草稿纸上开始的。将稿纸贴在肯特纸上，然后在上面反复描绘草图，经过漫长的时间，最后才能够完成海报的原画设计。

只有能够完成这样缜密工作的人才能够成为一流的设计师，而其他那些缺乏计划性的手绘工作，则会被看作是和印刷物没什么关系的招牌画师而遭到同行的轻蔑。

我们四人组逐渐有了些名气，与我们同时代的大高猛、有本功、佐藤三平、西胁友一和西尾直都加入了进来，A 俱乐部不断壮大。随后 A 俱乐部进入了第二阶段。

A 俱乐部不举办任何展会，只是纯粹的研究会。我们会和偶尔来大阪的龟仓雄策一起举办茶话会，还会邀请大阪设计界的两位大师早川和山城前来做客，与我们进行讨论和点评。

我们还和原弘有过交流。原精通外语，对海外的信息十分灵通，因此能够站在更宏观的视角把握当时日本的设计状况，同时他对文字和印刷艺术也有自己的观点。他那种学术性的设计理念，以及摆脱了商业主义的充满知性的设计风格，深深地吸引了我们。

1952 年（昭和 27 年），东京的龟仓在原的邀请下，也在大阪设立了日本宣传美术会（日宣美）。

我拿着自己时尚秀的海报去参选却落选了。理由是太偏重于早川的设计风格。

当时早川的设计走在时代的最前端。他设计的海报随处可见，就连 *Press Art* 上也刊登了不少他的作品。毫不夸张地说，早川随便走进一个酒吧，掏出火柴轻轻地放在桌子上，火柴当场就能点着了。在当时他就是这么火。

日本的设计分为东方的形式和西方的色彩。但从早川的作品中，却仿佛能够享受到丰富的色彩交织在一起形成的美妙旋律。

我第一次接触到的早川作品，是在战后 1949 年的“卡隆西式裁剪”海报。当时我正在从奈良到京都的上学路上，却因为一张贴在站台上的海报而停下了脚步。当时我既不懂设计，也完全不了解叫做早川良雄的这位设计者。

当黑白鲜明的人像映入眼帘的一瞬间，我惊呆了。在黑色的背景中如同花瓣一样的红色手套、绿色的靴子、腿部狂放不羁的线条、女性胸部大胆的留白，磅礴的气势与清新的纯真浑然一体、一气呵成，让人感觉心旷神怡。字体的设计也很出色。略显幼稚的手写体下面是工整的印刷体文字，形成了绝妙的对比。在一片灰暗的战后废墟之中，这幅海报就如同新时代吹来的爽朗清风。

早川那知性的不羁与前卫的精神使我完全沉醉于其中。这和当时主流的装饰派、脱离派、卡桑德尔、包豪斯等生硬的构成主义完全是背道而驰的。我身边有不少前辈设计师都认为我们那一代的年轻人因为受“早川风格”的影响而频繁使用粗暴的线条，甚至批判说“早川是设计界的毒瘤”。

但大阪作为一座大都市具有东京完全无法相比的悠久历史。在这漫长的历史中，大都市和大丈夫的热血一脉相承，大阪作为商业都市对商业美术具有极强的关注和需求，因此商业美术自古以来就已经从绘画的领域之中独立出来。当时哪怕只是一张活动海报，如果在东京一定是非常工整的官方公告式设计，但在大阪却好像广告一样。就连在东京略显肮脏的夜总会或歌舞厅之类风俗场所的海报，经由大阪的设计师之手，也能够绽放出洒脱的都市感。

早川还设计过近铁的秀彩会海报。1952年的时候，我在生驹山附近的近铁的小车站，算好最后一班电车离开的时间偷走了一张海报。

这张被贴在站台上狭窄而穷酸的候车室里的白底海报，散发出一股美丽的气息。漫天星空的背景与周围的环境没有丝毫的不协调，就好像是一直被安放在那里的佛像一样，高贵而又充满现代感，让我无比心动。

那时候我能够每天搭乘近铁电车上下班真是非常幸福。我在那一系列百货商店的海报之中受到了各种各样的启发和激励。尤其是到了“秀彩会”的季节，我就好像等待喜欢的电影首映一样无法抑制心中的喜悦。

关于早川有几个传说，一个是说他每天晚上都会去10来家小酒馆喝一圈，然后趁着微醺画上几个小时完成名作，还有一个说他曾经在雷阵雨中作画，别人都以为画作被雨淋湿糟蹋了，结果画作完成后反而产生出一种独特的质感。

我还在近铁邀请过早川的同事有本，刨根问底地聊了不少关于早川的话题。我对早川的狂热喜爱，逐渐变成了模仿，不管什么作品看起来都是早川的风格。

日宣美展的落选虽然让我感觉很丢人，但这也成为促使我摆脱“早川风格”的一个契机。

1953年，产经新闻社和大阪新闻社共同举办的首次探戈展演“正规管弦乐团卡纳罗”的海报是我真正意义上的处女作。虽然在此之前我画过不少插画风格的文字，但那些大多都是图形的拼凑而已。

因为“卡纳罗”的全国巡演大受好评，所以在宝塚剧场和府立体育会馆进行了紧急追加公演。当时我必须在一晚之内做出海报。最初的海报是加入了乐队成员肖像照片的通俗设计，我想在新海报上做一些改变，但由于时间紧迫，于是我将上一张海报中的文字部分剪切出来，新做成了一个只有文字的海报。剪切的文字组成了奇异的波浪形边缘，可能正是由于这种自由自在的感觉，我的这幅作品在1954年的时候获得了东京艺术指导俱乐部（ADC）铜奖。几年后ADC年鉴的第一卷（《广告美术年鉴》）出版发行，这幅海报也被收入其中，我当时真的感到非常高兴。

同样在 1954 年，我为三洋制作了晶体管收音机的海报，并且获得了第二十一届每日商业美术振兴展的日宣美会员奖。日宣美也是这次活动的赞助商之一，木村也同样获奖。

木村的作品是产品目录的封面，上面是一只握笔的手的黑白照片，制成网点效果后再进行放大，因为加入了赫伯特•拜耶的照片技巧，在当时是非常新颖的艺术表现手法。

木村非常尊敬龟仓和原等受到包豪斯影响的设计师，反而不太喜欢早川的风格。

以我的获奖为契机，A 俱乐部逐渐开始受到世人的关注。我们被邀请参加主要由居住在神户的设计师们组成的“NON 会”，席间我认识了滩本唯人和横尾忠则。

吉原治良和早川良雄，正是这两个人的存在使我走上了设计师这条道路。

三　上　京

当时，产经新闻社主办了一个名为“芭蕾现代舞蹈新人公演”的一年一度的联合公演。我负责为这个活动设计制作海报和项目策划，事业部的松下向我介绍了森田真弘和益代夫妇。森田夫妇是这个公演的常客。

我和他们夫妇二人真是相见恨晚。与他们见面的当天我似乎就成为了森田现代舞研究所的一员，甚至还把学生时代一起表演戏剧的同伴绪方规矩子和板坂晋治都拉了进来。他们两人虽然对现代舞了解不多，但是是舞台美术领域的专家。同时作曲家田中正史和灯光师熊泽章也加入进来，我们没日没夜地进行讨论，内容涉及节目单、导演、舞蹈设计、音乐、美术等所有方法。

尽管在20世纪50年代的大阪，法村有井芭蕾舞团和江口乙矢的现代舞蹈团非常流行，但我们的目标却是与他们概念完全不同的现代舞。每当公演临近的时候，以森田为中心，我们所有人的体内都好像有一股能量正在熊熊燃烧一般。

森田的舞蹈设计非常简练没有任何多余的动作。简单、吸引人、没有重复，所以他每一个作品的动作密度都非常高，但作品的时间相对比较短，常常在人们还没觉得过瘾的时候就结束了。

当时我坚信现代舞就是当时艺术的顶峰。可能我已经被森田彻底地洗脑了。然而我根本停不下来，干脆在森田夫妇位于阿倍野旭町的练习场兼住宅处住了下来。

我就住在他们家工作室二楼一个四叠半的房间里，和他们夫妇同吃同住。我们从伊莎多拉•邓肯和十二音体系的音乐，到现代爵士的即兴演奏和大阪的民俗表现，再到现代舞的发展可能，聊了很多内容。

我痴迷于玛莎•葛兰姆的表演。1955年（昭和30年）11月，我为了能够亲眼看到之前只在一张小照片上看过的她，而连夜搭上了通往东京的列车，因为没有座位我只能蹲在过道上，那可真是一次既遥远又贫穷的旅行。当时她的音乐会只在大手町的产经大厅和东京宝塚剧场上演，这让身为关西人的我懊恼不已。

在当时，上京比现在去世界上任何一个地方都更加困难。搭乘晚上 9 点大阪发车的银河号快车，早晨 6 点左右才能抵达东京。到站后要先去位于车站内部的东京温泉，洗净被煤烟搞得漆黑的身体，然后才能外出。

我也不知道当时是怎么听说那场音乐会的，大概是因为看到一位女性仰躺在地板上的照片吧。在我当时体验过的芭蕾和现代舞的舞台艺术之中，躺在舞台上的表现形式显得非常与众不同，背景都由金属丝构成，这些让人分不清是雕刻还是小道具的物体着实令我大吃一惊。这就是葛兰姆的代表作 *Cave of the Heart*（《心的洞穴》）。

这部作品取材于希腊神话“美狄亚”，以因为嫉妒而疯狂的女性毁灭性的爱为主题。玛莎 • 葛兰姆走进由金属丝构成的树林之中，因为对自我的憎恶和复仇的渴望而浑身颤抖的舞台演绎令我兴奋至极。

舞台美术由野口勇负责。当时的舞台道具还停留在用油画工具描绘背景板的时代，所以当我看到由金属丝组成的道具时才会那样的惊叹。在取材于圣女贞德的*Seraphic Dialogue*（《天使的对话》）中，金属丝塑造出的教堂风格的背景非常精妙，*Night Journey*（《夜之旅》）中让人联想到人体骨盆的苗床造型也很令人感动。

充满性感诱惑的身体扭动，如同条件反射一般迅捷的动作，与充满雕刻质感的舞台美术完美地结合在一起，被永远地铭刻在时间之中。在这个舞台上，已经不存在什么大道具和小道具的区别。在布景的映衬下，人物的动作呈现出崭新的表现，故事变得更加立体，沐浴在灯光之下的舞台空间宛如被赋予了生命一般。从那以后，我愈发地被现代舞所拥有的自由性和综合的美感深深吸引。

通过葛兰姆的表演，我看到了凌驾于美术和设计之上的，通过整个人体表现出来的完美艺术。

与此同时，我还迷上了爵士乐。爵士乐充满了能够让人随着音乐即兴起舞的感官魔力。我越来越想一直沉浸在爵士乐的魅力之中。但是爵士乐的唱片大多是美国驻军留下的，只能在黑市上才买得到。至于像宝石一样珍贵的进口唱片，只有在爵士乐咖啡店才能听得到。

在难波的高岛屋百货附近有一家叫做 BIRDLAND 的爵士乐咖啡店，店老板是一位不到 30 岁的年轻人。不知道他为什么有那么高档的音响装置，JBL 的扬声器和麦金托什的增幅器中传出悠扬的音乐，还有很多不知道从什么地方搞来的在当时非常珍贵的爵士乐唱片，简直令人羡慕至极。

我每天晚上都会去 BIRDLAND，点上 1 杯咖啡一直听爵士乐直到临近末班车的时候。店里的顾客都像修道僧一样深深地低着头，一言不发默默地享受音乐。在宛如静止的空间之中只有音乐被镌刻在时间里。顾客们屏住呼吸随着音乐的节拍轻轻地摇动膝盖。后来 *Swing Journal* 的总编儿山纪芳也是这里的常客。

我还曾经仅仅为了购买一张唱片而上东京。在当时那个月薪只有 1.7 万日元的时代，为了购买价格高达 3000 日元一张的进口唱片，必然要付出呕心沥血的努力。我当时就好像将自己的人生全都赌在那一张又一张的唱片上一样。

在新宿三越百货的正对面有一家类似服装面料超市的商店，在这个商店的里面有一家叫做 MARUMI 的只有六七平方米左右的小唱片店。店里摆着很多热门唱片。我挑了一张想买的唱片，但对方却说那些唱片都是别人预约的摆在店里只是作为装饰而已，不会卖给新顾客。没办法我只好买了一张米尔特•杰克逊的唱片就回去了，可是我家里的唱片机每当放到颤音琴的声音时，拾音器就会“砰”的一下飞出去，根本没法听。结果我只好将米尔特•杰克逊的唱片拿到 BIRDLAND 去交换了一张其他的唱片。

我之所以喜欢听爵士乐，一是受越路吹雪“布吉伍吉巴里”等宝塚演出的影响，还有一个原因就是片山利弘。片山家里高级的音响设备一应俱全，我在他家里听佩雷斯•普拉多的曼波音乐时，逐渐喜欢上了哈利•詹姆斯和本尼•古德曼等人的音乐，然后就突然发现了现代爵士乐。当时正是奇科•汉密尔顿和杰瑞•穆勒根等西海岸爵士的全盛期，我深深地陷入其中无法自拔。

因为A俱乐部的人都对现代舞和爵士乐不怎么感兴趣，于是我只能向森田推荐一些有趣的唱片。他很喜欢“没有出口的空间”中斯坦·肯顿的音乐，甚至评价道“如果不以这样的美国新音乐作为舞蹈的配乐，怎么好意思再用贝多芬或者肖邦作配乐”。

我当时和日本乐器制造公司西洋音乐部的一位女性交往，她经常让我去听那些即将提交给广播电台的唱片。我感觉自己是全日本第一个听到这些音乐的人。那时候买3张黑胶唱片就要花光薪水，所以剩下的日子，我中午连荞麦面都吃不起。

当时东京有一份叫做*STAGE & SCREEN*的对开大小的周刊报纸。戏剧方面有安藤鹤夫和户板康二，电影方面有淀川长治、双叶十三郎和饭岛正等人负责撰稿，文章很有质量。在大阪只有车站的商店能买到这份报纸，几乎是我了解东京信息的唯一媒体。

对于现在这个信息过剩的时代来说可能非常难以想象，但我当时连编辑后记都一字不落地看了好几遍。

当时都是八代目幸四郎与文乐一起在剧场表演歌舞伎，芝玩成为歌右卫门来到大阪之类的消息。因为正好赶上世代交替，所以报纸上有不少关于歌舞伎的深度评论。梅玉的优秀之处、八代目三津五郎出色的舞蹈、秦丰吉的音乐等等，我贪婪地阅读着所有的内容。银座、日比谷、新宿、浅草，东京的所有剧场我都记得烂熟于胸。

像这样集信息与评论于一体的媒体，在关西是完全没有的。关西的评论家只有武智铁二比较活跃，歌舞伎表演则一直在衰落。虽然拥有松竹新喜剧，但新剧就只有民艺、俳优座、文学座等偶尔有几场地方公演。尽管关西的新剧人们仍然非常活跃，我们也经常帮忙卖卖票，设计设计舞台美术什么的，但无论从规模还是质量都完全无法与东京相比。

因此我非常向往东京，无论如何都想到东京去。

我刚刚进入京都美专的时候，曾经收到中学时代朋友的来信。他考上了早稻田大学，在信中邀请我过去玩，可以住在他那里。可是当我一切都准备妥当来到车站时，却不能买票。因为当时要坐车必须有旅行证明。于是我只能极不情愿地放弃了这次旅行，第一次的上京梦就这样破灭了。

1949 年，当时还在念书的我终于有机会第一次前往已经被战火烧成一片废墟的东京。在那个年代，要进行为期一周的旅行就必须随身携带够吃一周的口粮。我带了一背包的米借住在下落合朋友的公寓里。只有三叠大小的房间两个人睡勉勉强强，但我却非常享受自己的第一次东京之旅。

都说来了江户必须吃寿司，于是我去了高田马场的寿司店，结果那价格简直高得离谱，把我的零花钱都花光了。

第二次上京是出差。1950 年 9 月，我和粟辻博给位于银座的钟渊纺织公司送和服布料，我们两人将布料放在电车的货架上轮番看守。当对方的设计师接到布料时，只对我们说了一句“啊，从大阪送来辛苦啦”就没了下文。但我们好不容易来到东京，决定逗留个两三天，于是我们以钟渊纺织公司的宿舍为据点，到处去看戏剧演出。粟辻也很喜欢戏剧。

通过这两次上京，浅草的 ROCK 剧场、日剧的 GYPSY

ROSE、新宿帝都剧场地下的田村泰次郎的《肉体之门》、森繁久弥的《红磨坊》、田村秋子的《海达·高布乐》（易卜生）、三越剧场宇野重吉的《山脉》、轰由起子的独角戏，凡是 *STAGE & SCREEN* 上介绍过的，我一个不落地全看了。当时在新宿的地球剧场还公映了狮子文六原作的电影《自由学校》。

很多年以后，我正沉浸在A俱乐部之中的时候，趁着粟辻被从钟渊纺织公司的创意部调到山科的蕾丝工厂的机会，我以要做画家为借口又去了东京。那是我第三次上京，就住在粟辻位于西麻布的宿舍里。在现在的“费加罗”后身的大路上有一个外餐券食堂，我们就拿着外餐券去那里吃饭。

差不多同一时期，山城隆一也从大阪的阪急跳槽到了东京的高岛屋。当时报纸广告上的文字，需要先在铅字排版上留出空白，然后在空白处用手写上去，但山城却首次尝试了照相排版的方法。也就是将照相排版当做凸版使用来制作报纸广告。位于难波的广告制版听说山城和小林涣志都来了东京，也跟着过来了。

山城负责设计的高岛屋的广告大受好评，他也因此一举成名。

当时许多杂志都争相介绍这位广告界的名人。

不过在 1955 年的时候，*Press Art* 以“田中一光设计与作品集”为题，自上一次的早川良雄以来时隔 6 年再次出版了个人特辑。*Press Art* 很少出版个人特辑，之所以选中了我，是因为我的作品数量非常多，这都多亏了产经新闻社的事业部对我的实验性作品没有过于苛刻的要求。因为给我的工作时限都是“这周之内做完”“明天我就想要”之类的，所以不管我在作品上进行怎样的尝试都能够得到通过。我甚至使用复印用的滚轮只用了一晚上的时间就制作了一个非定形派的封面。这个封面还得到了大家的赞赏，说是非常具有前卫意识。

我的个人特辑上还刊登了吉原、早川、山城，以及从东京来的祐乘坊等人对我的评价。山城认为我是早川最大的粉丝，早川则认为我给产经会馆的方案设计的封面很有吉原的风格。当时我只有 25 岁，年纪轻轻竟然得到了这些前辈的肯定，让我受宠若惊。

我在产经新闻社工作的时期非常繁忙。每天都要做出两三个设计。灵感必须源源不断，一旦做不出东西赶不上截稿时间的话后果非常严重。我绝对不能说做不到。就算真的不会，也要硬着头皮计算稿件的份数，在宣传册上进行排版。因为没有人能教我，所以我全靠自己的灵光一现。

繁忙也是激发个人才能的要因之一。设计这种事情，并不是说深思熟虑就一定能想出好点子。当然太闲了也不行。有时候一定程度的繁忙，反而能够帮助你做出优秀的作品。如果在设计时太过缓慢的话，反而会因为精神不集中而错过一些东西。在这一点上来说，设计有些地方就好像条件反射一样。

有时候长时间创作同一个主题，反而是一种痛苦。自己的天赋和主题之间关联太久可能会使作品变得千篇一律，甚至不肯接受新鲜的事物。想要追求新鲜感的时候就多尝试其他的领域，这是我至今不变的信条。

那个时候每日新闻社有一个 A4 大小，大约 300 页左右的英文杂志 *New Japan*，主要面向海外发行，由河野鹰思和原弘担任美术设计师。

关西的设计师也制作广告。整版的广告都由早川和山城负责，我在木村恒久的介绍下得到了设计小广告的机会，这对我来说是一个不错的工作。但最重要的是，我因此获得了把握东京信息的机会。我之所以请原来A俱乐部进行座谈会，也是出于这个理由。虽然当时也有像“Idea”之类的杂志，但显然大家坐在一起喝一杯的时候获得的信息要更加宝贵。

1955年，在日本桥高岛屋召开的“Graphics’55展”，相当于拉开了日本平面设计的帷幕，具有非常重要的意义。

主要参加者有原弘、河野鹰思、龟仓雄策、伊藤宪治、早川良雄、大桥正、山城隆一，以及特别邀请来的保罗•兰德。我们A俱乐部的四人组连夜搭乘汽车前往东京，晚上就把报纸铺在地上睡觉。

当时除了日宣美展之外，再也没有其他的海报展览会。一提起海报，给人的印象就是那种贴在电线杆或者墙壁上的脏兮兮的东西。因此将海报摆在展览会场里，而且作为设计师的作品向众人展示这件事使我受到了极大的冲击。特别是还请来了像保罗•兰德这样的国际著名设计师，会场里展示了IBM的LOGO等非常具有国际影响力的作品，让我眼界大开。

临近闭展的时候，以拍摄桂离宫而著名的石元泰博前来进行摄影。他可能以为总在里面晃来晃去的我是什么地方的学生，于是让我帮他打灯光。石元的照片曝光时间很长，我跟着他在会场里来来回回转了好几圈。其他 3 人不知为何全都不见了踪影，我一边在心里计算着回大阪的列车时间，一边做石元的摄影助手。

回到大阪之后我的兴奋之情尚未平复之时，阳光广告（LIGHT PUBLICITY）的伏见文男来到大阪，和我们 A 俱乐部成员一起吃饭。一开始我们主要以信息交流为主，但酒过三巡之后大家的醉意渐浓，木村终于忍不住说道："东京的设计徒有其表、缺乏内涵。"结果其他人都随声附和，甚至说出了"就知道用些女明星的照片"之类的话，把东京的设计贬得一文不值。

伏见回到东京之后把这些话转达给了东京的设计师们，对方勃然大怒。最生气的当属增田正，他特意打电话过来说："大阪的年轻人似乎挺能说大话，你们要不要来日宣美看看作品，我当场给你们好好地解说一下。"在当时，打长途电话可是相当少见的。

永井一正和片山都说不去，没办法我只能代替他们去负荆请罪，再次连夜搭乘汽车上京。我首先去和阳光广告公司的村越襄打了个招呼，然后就去了日宣美。以增田为首，包括伊藤幸作、中村诚等在内的前辈们早就在索尼大楼后身的中华料理店香兰亭里等候我多时了。

一开始我还小心翼翼的，但在边喝边聊的过程中我和他们意气相投，成了忘年之交。刚好他们计划给杂志*Atelier*做一本增刊《设计技法》，于是便邀请我和他们一起编辑，主要负责撰写与色彩相关的文章。

当时阳光广告公司和高岛屋宣传部都在招募东京的设计师。阳光广告公司有向秀男、早崎治、细谷严等人，高岛屋则有山崎莲三、草刈顺等人，两家都是星光璀璨。

从那以后我就开始频繁地前往东京。我每次去东京，增田都必然会开着他那辆红色的敞篷车来接我。增田非常有钱，同时也是一位才华过人的设计师。他每天都带我去原弘常去的新宿的酒吧和俱乐部等地方喝酒。经过一番辛苦，我最后向*Atelier*编辑部提交了1份多达30页的稿件，这是我写的文字第一次被印刷出来。但因为每两三个月就去一次东京，让大阪的朋友觉得我总是往东京跑，结果我和大阪这边的关系反而变得僵硬起来。

就在这个时候，有一天村越忽然问我要不要加入阳光广告公司。我非常喜欢村越描绘的旧帝国剧场《贞奴女士》和《摩根阿雪》的海报，而且我对当时还很少见的使用彩色照片制作海报和挂历，充满了开拓新境地的期待。

连夜搭乘汽车去东京谢罪，或许从某种意义上对我来说是一个非常宝贵的机会。我找永井商量。永井对我说："命运女神只有前发，后脑勺是光溜溜的。所以当她站在你面前的时候你能抓得住，但如果等她走过去了你再想抓，那可是无论如何都抓不住了。"

我终于开始被称为"平面设计师"。虽然1955年的时候就已经有设计师这个称呼，但只有服装设计师才算是设计师。"美术总监"这种说法则在1957到1958年的时候才开始出现，等到普及的时候都已经是60年代的事了。

东京的设计师们不但对大阪的设计师有所了解，同时也认可他们。大阪在文化上相对独立，作为商业都市在战前一直凌驾于东京之上，同时因为有一定的技术积累，所以艺术表现的形式多种多样，但最重要的是直接。就像大阪人都喜欢漫才一样，大阪的设计都是真情实感的流露。与之相反，东京的设计则有一种官方的生硬。

移居东京的山城很擅长大阪那种刚柔并济表现的方式。他给高岛屋制作的婚礼商品报纸广告“婚期临近”，获得了ADC奖和当时创设不久的朝日广告奖，是一部万众瞩目的名作。

但另一方面，随着市场营销等广告用语的出现，理论思考在设计领域变得愈发重要起来，然而大阪却迟迟没有用最新的理论武装自己。

当时民间电视台开始播放电视节目，很多杂志也如雨后春笋般涌现出来，宣传活动一下子变得异常活跃，大众媒体在东京成为主流，而大阪则被远远地落在后面。甚至有不少关西的企业都将总部转移到了东京。

我觉得不能继续在大阪待下去了，只有去东京才能跟得上时代的脚步。

出发去东京的那一天，我咬了咬牙买了12点从大阪站出发的特快列车“鸽子号”。在站台上大约有超过100人的送行队伍，好像我即将上阵出征一样，就连车站的工作人员都以为发生了什么事情特意过来询问了一下。前来送行的除了A俱乐部的朋友之外，还有产经新闻社的朋友、早川，以及森田夫妇。

在大家“让大阪的设计力量在东京爆发吧”的鼓励，以及“万岁”的欢呼声中，我搭乘的特快列车“鸽子号”向东京进发。那是1957年夏天。

I II III IV V

IKKO
Tanaka

田中一光自伝
われらデザインの時代

一　阳光广告公司（LIGHT PUBLICITY）

1957年（昭和32年）9月，我进入阳光广告公司（LIGHT PUBLICITY）工作。他是一家广告设计公司。我在大阪主要以平面设计为主，虽然都是设计，但从平面到广告的转变还是让我稍微有些不安。

银座电通的对面现在是猎头公司（RECRUIT），阳光广告公司的总部就在那后面。总部是一个木质结构的二层建筑，1楼是一家通信公司，在其仓库的角落是照片部的暗房。2楼有一个660平方米左右的工作室，总部的30名员工都挤在这里办公。

位于并木通的资生堂总部的旁边有一个叫做贸易会馆的旧大楼，阳光广告公司把这里的四楼租了下来做工作室。在工作室的旁边有一个3叠左右的小房间，我就在这里和村越襄一起工作。贸易会馆的2楼和3楼都是夜总会，每当我加班到很晚离开的时候，都要对那些在走廊里涂口红换衣服的女性们不住地抱歉。即便如此，当时能够在银座办公也算是很特别的待遇了。

我进入阳光广告公司之后，立刻就和比我早半年入职的美术总监向秀男组成了搭档。向是从札幌啤酒公司跳槽到阳光广告公司的，在撰写广告的标题与文章方面非常有才华。

我最初的工作是给协同乳业公司（后来的名糖乳业）绘制一个牛头的标志，然后是雅马哈公司的挂历、东洋人造丝公司的涤纶广告，工作一个接着一个。

我从产经新闻社辞职的时候工资是1.7万日元，但我入职阳光广告公司的时候，村越对我说工资是5万日元，一下子涨到3倍。当时工资最高的应该是山城隆一吧。因为他给高岛屋制作的报纸广告“婚期临近”非常热门，所以像旭化成和东芝等大企业都找他设计广告。在他位于大森的豪宅里，有很多卡伊•弗兰克等著名设计师设计的芬兰产的玻璃器皿，令人垂涎不已。

我上京的时候，山城邀请我住在他家附近，并且在他家后面的洋房里给我找了一个房间。于是我就住在那间洋房 2 楼一个 12 叠左右的房间里，每到星期天，山城的母亲就会打电话来说“一起来吃早饭吧”，所以我总是跑到山城家去蹭早饭。那味道很令人怀念，直到现在我都忘不了。

山城家有一个超棒的雅马哈音响，我们经常用它来听音乐。到了晚上，植松国臣、粟津洁、杉浦康平、田中博、山崎莲三、草刈顺等年轻的设计师们经常前来聚会。大家都对给广告界带来新气象的山城十分尊敬。

电饭煲首次在日本市场销售的时候，山城起用向做广告稿撰写人，给东芝制作了一系列的报纸广告。于是向会在阳光广告公司将稿件交给我，而我则在下班后顺路将稿件送到山城家里，用现在的话说就相当于同城快递吧。广告制版的小山敬治就在山城的家里等他做完后收稿。

我会在搭乘京滨东北线的电车时偷偷看一看向写的稿件，并且很期待看到最终的效果。山城创作过许多在日本报纸广告的历史上占有一席之地的名作，我每周将向的广告稿交给山城，几天后就会在报纸上看到最终完成的广告，这对我来说是非常珍贵的学习机会。

我在大阪时期的客户，有一些即便我到了东京之后仍然保持着合作关系。神户劳音就是其中之一。我从1956年开始负责给神户劳音制作海报，到60年代的时候永井一正也加入进来，我与神户劳音之间的合作一直持续到1969年，其中“中山悌一独唱会”的海报是完全由文字构成的。

我之所以会创作完全由文字构成的海报，受山城在1955年制作的《木•林•森》的影响很大。山城是比早川小两三年的后辈，所以也在极力避免模仿早川的风格。由于当时关西的设计风格倾向于今竹七郎与河村运平那样可爱的插画风格，因此大家多少都有些相似的地方。

我也和山城一样，总是想尝试用单纯的文字来代替图画创作出充满魅力的海报。在“中山悌一演唱会”的海报中，我选用了从海外出版物中收集到的所有英文字体，利用大写字母和小写字母混合的方式组成作曲家和曲名。1959年，在日本桥三越举办的“世界商业设计展”的海报，我选用了铅字印刷中所有种类的箭头符号，将这些符号组合到一起表现出上下左右的方向，最终构成充满动感的画面。

这次展览会在胜见胜的策划下，展出了全世界许多平面设计作品，是日本最早的大型海报展览会。

阳光广告公司的社长信田富夫出身于日本工房，开创了将照片与设计结合到一起的“LIGHT风格”。阳光广告公司的员工都是很有趣的人。摄影师早崎治是公司鼎盛时期的明星，比我早两年入职的细谷严则在为雅马哈和普利司通公司设计作品时大放异彩。

村越负责御木本和札幌啤酒的广告设计工作。在当时，给手持啤酒杯的女明星拍摄照片，然后用彩色照片设计海报，就像现在利用电脑制作图片一样是走在时代最前沿的设计方法。村越英俊潇洒、风流倜傥，在他的身边总是围着一群时尚模特。

在为东洋人造丝公司制作广告的时候，我和向成立了一个项目组，全权负责一个公司的所有宣传广告，并且制定了统一的设计方针，这种模式后来被包括阳光广告公司在内的诸多广告公司采用。“东洋人造丝涤纶”的报纸广告获得了该年度的朝日广告奖，因此我还和向专门去喝酒庆祝了一下。

我在阳光广告公司工作时关系最好的就是向。我们两人经常一起去喝酒，合作了很长时间。向或许因为是工薪阶层的缘故，对社会情况的把握非常准确。

也有与奖项擦肩而过的时候。有一次日宣美展，我将大阪时代制作的《第五届产经观世能乐》海报送去参展。当时我非常欣赏瑞士的新图形运动，所以尝试了在几何学的色彩构成中加入能面的表现形式。

遗憾的是，虽然我得到了会员奖的提名，但却因为我还太年轻的理由最终落选。这反而引发了社会的关注，大家都对我的遭遇表示同情。当时我刚好开始给雅马哈公司制作挂历，于是有一家杂志社对我的工作过程进行了全程取材。

从构思到照片拍摄、印刷工程，整个设计现场都被完完整整地记录下来，这也是媒体第一次对设计工作进行如此近距离的采访。凸版多色印刷的豪华挂历大受好评。

直到1970年解散为止，日宣美每年都会主办一届海报展，这也是促进日本海报发展的一大原动力。1951年，以近代设计的启蒙与发展为目标，由原弘、河野鹰思、龟仓雄策等设计大师创立的日宣美具有极强的权威性。设计师们都为了能够入选日宣美而使出浑身的解数，尽情地释放着自己青春的能量。

在当时日本的设计界，平面设计领域对海外的信息最为敏感。受设计发达国家的影响也最为明显。除了表现技术之外，还包括企业的文化性、广告的民众性、对社会的影响、对公共设计的提案等等，充满了现实主义的态度。

日本的海报与其他西方国家相比更倾向于主观性和绘画，主要原因就在于日本的海报制作没有委托方，也就是说设计师大多是在没有客户的情况下自由地进行创作，并且敢于大胆地尝试。设计师们会主动寻找各种各样的主题，然后反复进行不同视觉表现的实验。

日宣美展在东京的百货商店拉开帷幕，然后于全国各地巡回展览。从创立开始连续举办了18年，20世纪60年代前半段是其鼎盛时期。

1958年年末，我离开居住接近一年的大森，在青山一丁目租了一个小房子。那是一个8叠1间的二层小楼，在2楼有一个半叠大小的淋浴室。

当时的青山一丁目还是荒郊野岭，跟时尚两个字一点也不沾边，与设计现场更是相去甚远。在青山通可以搭乘都电，虽然周围都是杂草丛生的空地，但这里距离赤坂、六本木和涩谷都很近，所以也算是个很适合游玩的地方。

因为当时的设计事务所几乎都集中在银座，所以当1963年我独自创业在这里成立设计室的时候，大家都劝我说“在青山那地方根本没办法工作”，由此可见青山距离设计的中心区域有多远。青山作为设计和时尚的街区开始兴盛都是70年代时候的事了，后来就连杉浦康平都住在青山学院旁边的公寓里。

1959 年对于我来说是非常动荡的一年。2 月的某一天，我被浴室的煤气泄漏导致的大火烧伤。虽然烧伤好不容易治好了，但我的左手却因为这次烧伤而肿了起来完全无法使用。偏偏日宣美展的截稿日迫在眉睫。

虽然我去了医院却丝毫没有好转的迹象，就在我一筹莫展的时候，龟仓给我介绍了递信医院。医生在对我进行了检查之后认为我可能是交感神经出现了异常，于是在我的脖子上进行了注射。虽然我当时因为麻醉的缘故连话都说不出来，但左手竟奇迹般地治愈了，我终于可以继续创作参展作品。

龟仓在那之后也帮了我很多忙。

大阪的 A 俱乐部时代，在东京的设计师之中我们都对龟仓最为尊敬。邀请他来参加座谈会的时候是我们第一次见面，没想到他虽然仪表堂堂，说起话来却毫不客气，几句话就把我们几个都说蒙了。比如大阪的设计虽然创意很好但却缺乏具体的表现，我的设计还稍微有些欠缺之类的。

在大阪的设计师之中，龟仓与早川的关系最好。虽然我几乎每天都能在酒馆里见到早川，但毕竟对方是比我年长15岁的偶像，所以我从来没有以个人的名义和他进行过交流。

早川上京之后，一直像插画师一样展开工作，我认为很少有设计师能够做到这一点。我也是看了他的作品之后才认识到仅凭一行文字的组合就可以使空间一下子变得紧凑起来。我觉得早川可能不喜欢负责像奥运会那样大型项目的美术总监工作。以他的性格，更适合做那种专注于图画和文字的匠人工作。在这一点上，早川和龟仓有很大的区别。

我在日宣美展上展出的作品是《日本的纺织品展》。我利用能够代表日本染织的友禅、小纹、结城紬、黄八丈等汉字文字，表现出传统纺织品的形象。当时我很喜欢黑白色和黑色，于是我选择在有光泽的黑纸上用哑光的黑色来进行描绘，制作出一个强调黑色对比的海报。

幸运的是这幅作品获得了第九届日宣美展的会员奖。在此之前只有龟仓、河野、早川、大桥等大师获得过这个奖项，当年只有29岁的我比其他前辈更早获此殊荣可以说是史无前例。《朝日新闻》的“人物”专栏对我进行了报导，《妇人画报》1960年的新年号也刊登了我的专访。

令人意想不到的是《妇人画报》的摄影师竟然是土门拳。不只我，就连阳光广告公司的同事们都大吃一惊。摄影用的是35厘米的胶片，土门从准备摄影到摆好照相机为止的过程中会一直观察即将拍摄的对象。我在土门锐利目光的注视下显得有些不知所措，最后干脆摆出一副完全无所谓的样子。就在这个时候，我的耳边忽然响起按下快门的声音。

二　日本 Design Center

当时日本的设计界盛行一股革新之风。20 世纪 50 年代到 60 年代正是瑞士的新图形运动的全盛期，以穆勒•布鲁克曼为中心，简洁、知性的造型和系统的方法论席卷了整个设计世界。

另一方面，从 1958 年开始，被称为纽约派的美国印刷工艺也初见流行的端倪。纽约派在应用近代印刷工艺的方法论的同时还具有独特的幽默风格，与偏重于教育和启蒙的瑞士派不同，纽约派更加具有都市性和实践性。纽约派将语言、文字，特别是书写体的造型作为设计的主轴，取代传统的图画与照片，从这一点上来说具有划时代的创新性。

最早将这些信息介绍给日本的人就是龟仓雄策。1959 年（昭和 34 年），龟仓应阿隆 • 巴恩斯推广的纽约 TDC 国际研讨会的邀请前往美国，回来的时候他带回很多纽约的报纸广告和海报，为我们详细地介绍了美国的设计潮流。

龟仓在当时召集年轻设计师成立了一个叫做“二十一会”的研究会。因为 1960 年即将在东京举办世界设计大会，平面设计师们迫切地需要从图案家和制版师等过时的称呼之中挣脱出来，了解“视觉传达”等还不太熟悉的词汇，为此必须掌握相应的理论知识。

二十一会的成员共有 21 人。其中包括山城隆一、宇野亚喜良、永井一正、植松国臣、白井正治等人，每个月 21 日大家都会去东照宫和桂离宫参观，召开平面设计研究会。在 12 月的例会上，还特别展出了赫伯 • 鲁巴林和刘 • 杜夫斯曼的超一流作品。

在图形与广告浑然一体的日本设计界成长起来的我们，彻底被充满复杂性的美国印刷工艺征服了。

设计大会的准备工作把我也卷了进去。设计大会的秘书长是建筑设计师浅田孝，浅田彰的叔父，秘书则是濑底恒。濑底恒在战后立刻获得奖学金前往美国留学，是毕业于南加州大学的才女，在浅田的努力下才回国工作。

大概是从原弘那里听说过我吧，浅田邀请我制作设计大会的申请表和英文宣传册。当时我对于申请表格和资料等外来语的意义和内容都不太了解，但在那样一个全民动员的特殊时期，我还是每天不眠不休地进行着工作。

因为时间紧、任务重，过于劳累的我一度患肺炎住院治疗，于是对方还特意给我派遣了助手。最终在 1960 年的 5 月，全世界 300 余名设计师齐聚东京，世界设计大会第一次在日本召开，地点就在东京大手町的产经大厅。在这个唯一具有同声传译设备的场地中，为期九天的设计大会举办了许多格调极高的活动，不但进行了纪念赫伯特·拜耶的演讲，还通过了东京设计宣言。

以这次会议为契机，日本的平面设计界接触到了印刷工艺的新概念。用汉字和平假名等日语中的文字，终于作为超出表面造型的理论，以印刷工艺的形式表现出来。

在这一系列的背景下，日本 Design Center 于同年四月创立。为了迎接崭新的设计时代，需要一个将各个公司的宣传部联合起来的体制，当时由旭化成工业、朝日麦酒、日本光学（后来的尼康）、富士制铁（后来的新日本制铁）、东芝商事、丰田汽车销售、野村证券 7 家公司共同出资成立了日本 Design Center，第一任社长是朝日麦酒的山本为三郎，龟仓担任专务。

龟仓、原、山城三人是主力。集合全日本优秀设计师的想法现在看来确实有些半强迫的性质，但在当时包括二十一会的成员在内众多设计师都加入进来，为上面提到过的那 7 家公司进行设计工作。

旭化成和东芝公司是山城的客户，尼康公司是龟仓的客户。因此相当于他们学生的年轻设计师们都被他们招致麾下。

山城也邀请了我。虽然我对于在阳光广告公司的工作没有任何不满，但因为片山利弘、木村恒久、永井一正等 A 俱乐部的伙伴，以及有本功、西尾忠久等大阪的朋友都参加了日本 Design Center，于是我最终也跳槽了过去。

在村越襄看来，可能觉得好不容易教会了我做广告，结果我只干了两年半就辞职了。我要是继续留在阳光广告公司会伤了山城的面子，如果我辞职的话却又对不起村越。但面对这样一个两难的抉择，我的内心之中实际上还是倾向于 Design Center。

东京本地的植松、宇野、山下芳郎、田中博等人都加入了 Design Center。这是很轰动的事情。

跳槽到 Design Center 之后，我的工资从阳光广告公司时代的 5 万日元又涨到 3 倍变成 15 万日元。大概相当于现在的 150 万日元吧。那可真是一个设计十分兴盛的时代。月薪 15 万日元就和当时的棒球明星不相上下，就连《周刊》杂志都经常来采访我们，不过在我 3 年后独自创业的时候，花光了全部的积蓄。

Design Center 没有照片工作室，于是借用杵岛隆的工作室进行挂历的摄影工作。因为每天都要加班，工作结束时基本上都快晚上 9 点了，然后还要赶到位于新宿的杵岛工作室，等到摄影结束时往往是凌晨 1 点之后。

摄影结束之后，我们会去六本木放松一下。那里有一家德国人经营的酒吧叫做“Rheinland”，在葡萄棚的深处竖着栋方志功的屏风，我们会在那里一边品尝德国料理一边喝威士忌。在满是美国人的夜总会里，能够听到后藤芳子演唱的爵士歌曲。我们会一直玩到凌晨 3 点左右，但第二天早晨 10 点仍然能够准时上班。

当然在六本木玩到深夜花的这些钱公司是不给报销的。因为都是我自掏腰包请客，所以 15 万日元的工资也很快就花光了。

我明明不会开车，却负责丰田汽车的广告宣传工作。一开始我负责皇冠、光冠、Publica 等全部车型，但因为一个人实在做不过来，于是后来就按照车型分成了不同的团队来进行工作。

虽然工作非常辛苦，但因为团队成员都是 20 多岁的年轻人，除了梶祐辅、西尾、永井、植松是同岁之外，以宇野为首的其他人都比他们年纪小，因此大家每天在一起都很开心，甚至会分不清是在工作还是在玩乐。

有时候大家会故意搞恶作剧。比如假设某人突然死亡，在办公室里点燃香柱模仿葬礼的场面，或者假设突发杀人事件，将办公室变成警察局的刑侦科，让那些来访的客人大吃一惊，我们则玩得乐此不疲。

我在 Design Center 正式负责制作广告大约有两年半左右的时间。虽然制作广告是很有趣的工作，但我却没能创作出令自己满意的作品。在阳光广告公司工作的时候有向这样著名的广告稿撰写人和我一起工作，我们之间往往能够相互碰撞出灵感的火花，但是在 Design Center，我不但不能自己提出创意，连给负责写广告稿的人提出具体指示都不行。

广告具有独特的制作方法。因为我的设计有非常强烈的个人风格，所以简单的改变给人的感觉是远远不够的。在给丰田做广告时，由于我对汽车没有足够深入的了解，所以无法创作出能够完全表达我内心想法的作品。就算在造型上很优秀，但作为广告来说却是不合格的。Design Center 的广告稿撰写人都很认真，对作品的要求也很严格，所以做不出像阳光广告公司那样洒脱的作品。

阳光广告公司对 Design Center 的竞争意识很强。因为 Design

Center 为丰田公司创作广告，于是阳光广告公司就承担起日产汽车公司的广告设计工作。向创作出了“爱的天际线”这一具有城市性的名作，让我们很不甘心。后来在天际线的广告中还出现了非常著名的“肯与玛丽之树”。阳光广告公司的紧张感能够提高工作的质量。和田诚和土屋耕一都是在进入阳光广告公司之后才崭露头角，就是因为这个缘故。

在充满乐趣的工作环境之中，我却产生出了紧张感。因为日本是设计不发达国家，所以我为了充实自己而努力学习海外的优秀创意。当时在 Design Center 有一个传说，那就是办公室安静的地方，一定是我所在的地方。因为我在工作非常繁忙的时候会用大声的怒吼赶走在一旁玩闹的人，这时候其他员工也会停止讨论和对话，大家都屏住呼吸不敢出声。

当然这也有大家开玩笑的成分，总之我所在的部门是最忙碌的。作为 Design Center 中薪水最高的人，就算是一个挂历，也要按照车种和品牌分别制作 6 种不同的样品。而就算其他部门空闲的时候，我们也不能向他们借人手。

这主要是因为在汽车相关领域有很多机密信息。所以就连同事都不能随意进出我们的办公室。在没有碎纸机的那个年代，我们都是用剪刀把废弃的纸张剪碎之后再处理掉。当时还正好有一部讲述企业机密泄露的小说《黑色测试车》非常轰动。

对于 A 俱乐部四人组的其他人都在进行什么工作，我与其说是好奇，不如说是担忧。因为设计的造型工作与广告现场完全不同。由于自己的作品总是得不到肯定，片山终于忍不住第一个提出了抗议。木村也因为给东芝制作的一个报纸广告花了 1 个月的时间，结果遭到上级的批评说“这里不是研究所”。

我入职 Design Center 第一年的时候，横尾忠则也从大阪来到东京。他原本在大阪的国民宣传研究所工作，但说想来我们的公司上班。当时横尾虽然创作出了《神秘的吹笛人》之类的童话绘本，但却一直单枪匹马地工作没有帮手。

我非常喜欢横尾对艺术的那种感觉。对于后来才认识横尾忠则的人来说，恐怕很难相信当时的横尾和后来的横尾是同一个人，我拜托龟仓让横尾加入了 Design Center。但是他刚一入职就被汽车门夹伤了手，完全无法工作。这让大家都陷入了困境。

当时现代舞的森田真弘从大阪上京住在我的家里。森田很早就发现了当时还默默无闻的暗黑舞踏鼻祖土方巽的才华，在赤坂的宾馆里进行表演的土方为了见森田，经常在演出结束后来我家。就这样我也和土方熟悉起来。

土方当时以“Garumera 商会”这样一个奇怪的名字进行舞蹈公演，有一天他来找我帮他做演出的宣传海报。我虽然错过了他第一次的个人表演，但从第二次开始我就从没有缺席。在目黑的石棉馆，以涩泽龙彦为首的前卫评论家和诗人们齐聚一堂，公演后的酒席更是热闹异常。

但是我那种明快又现代的设计风格无法完美地表现土方的作品。于是我介绍横尾来帮他制作海报。横尾如鱼得水一般创作出许多非常符合土方世界的海报作品。以此为契机，横尾又先后结识了唐十郎和寺山修司，从此以后他就好像变了个人一样创作出许多优秀的作品。

在 Design Center，横尾与宇野和原田维夫成了好朋友，在那之后过了不久他们 3 人同时从公司辞职，成立了一家叫做 Ilfil 的插图公司，当时正值时代的分界线。插图这个词，或者说从设计中单独将插图拿出来作为一项专业工作的想法，是进入 60 年代之后才开始产生的。

几乎由当时最强的成员组成的 Design Center，却接连出现一些问题。

山城虽然给朝日麦酒公司创作出了“新邂逅”这样的杰作，但他显然在自由创作中的作品更加具有生气。负责东芝公司的木村和负责旭化成公司的宇野在进入 Design Center 之后的作品也没有了以前的那种锐利感觉。在那段时期，设计师们就算创作出了新颖而充满活力的作品，也会因为不合顾客公司的心意而一再修改，最终变成平庸无奇的作品。

在这种时候龟仓总是成为众矢之的。于是龟仓留下一句“像这种为了别人不断去说服公司的事情我不干了”，第一个辞职离开了公司。

我也曾经有一段时期，需要对设计的理论支柱做进一步的强化。

我从1958年开始就受聘成为桑泽设计研究所的平面设计专职讲师。为了从图案和工艺等传统的美术教育中跳离出来，在日本开展像包豪斯那样的设计教育，评论家胜见胜邀请桑泽洋子，以山城为中心成立了这个讲座活动。

一开始桑泽设计研究所位于外苑前，山城让我去帮忙，我就是作为客座讲师偶尔去给学员们放放幻灯片，后来研究所搬到了涩谷，以此为契机我正式开始了夜班的授课。

一个班只有不到20名学员，而且这些学员的年纪和我差不了多少，我就像是一个比他们早几年走进社会的大哥。下课后我总是和他们一起去道玄坂的爵士咖啡厅消遣。当时正是现代爵士乐的全盛期，与音乐同时出现在我们眼前的美国的唱片封面是非常刺激的信息来源，对于设计师们来说，最新的进口唱片的封面常常会成为焦点话题。照片和文字的用法等平面设计的技巧都会表现在黑胶唱片的封面上。于是我们就用透写纸将包括印刷工艺在内的一切东西都描下来。

还有一个信息来源就是海外的画集和摄影集。我在那个时候搞到了理查德•阿维顿和杜鲁门•卡波特共著的摄影集《观察》，布鲁多维奇选择了在纯白色的外盒上用红蓝相间的大号文字进行搭配的封面设计，充分地表现出了纽约风格的明快和现代感。

不只封面，带有照相凹版印刷的淡灰色调并且充满诗意的人像照片构成了大胆的版面设计，铅字则选用了细型的波多尼，我特意将这本书带到教室去给大家看。

后来上课时间挪到了白天，在学员中有青叶益辉、远藤享、太田彻也、长友启典等现在仍然活跃着的设计师。毕业设计的课题是出版物制作，因为当时刚好是东京奥运会的前一年，所以我就让大家设计制作东京地图。现在我还留着他们当年的作品，完成度非常高。

新图形运动的方法论非常了不起。即便是编辑设计，也可以都以铅字大小的单位作为出发点，比如文字有9个像素大小，那么字间距、行间距、段间距，从切口开始的缝隙等全部都以9个像素为单位进行设计的话就会非常缜密而且显得很有组织，大家都被这种方法论震惊不已。

在当时的日本，完全没有以这种理论构筑的专业书籍。提议开设桑泽设计研究所平面设计讲座的胜见，也同样在 1959 年发行了一本名为《平面设计》的季刊。这本原弘担任美术总监的杂志，拥有广阔的视角、明快的编辑方针和主题性，内容涵盖设计领域的方方面面，是一本非常优秀的杂志。

胜见并不是设计师。但从大学毕业后在工业试验所工作的时代开始，他就认为同强调功能与合理主义的工业设计相比，重视感官的视觉设计更具有将来性和必要性，因此他成为了一名专注于推广设计理念的评论家。

我负责这本季刊杂志创刊号的封面设计。后来 1960 年的世界设计大会、1964 年的东京奥运会、1970 年的大阪世博会、1972 年的札幌冬奥会、1975 年的冲绳国际海洋博览会、1980 年的日本生活展等，在这些为数众多的国际性活动成功举办的背后，都能够看到胜见卓越的指导才能。1983 年，在《平面设计》第九十二期即将发行之际，胜见猝然离世，《平面设计》也在第一百期的时候宣告停刊，但胜见给当时许多容易遭遇不公评价的设计师们予以勇气和激励，帮助他们取得成长。

胜见喜欢登山、唱舒伯特的歌、弹奏羽管键琴。虽然有不少人因为敬畏而不敢接近他，但他在晚年的时候已经不再对设计师们进行任何评价了。

三　初临纽约

自从在 1959 年（昭和 34 年）最后一次二十一会的例会上，看到龟仓雄策从纽约带回来的新闻广告和海报之后，我就一直对纽约非常憧憬和向往。纽约一直在我的脑海中挥之不去，我无论如何都想要去一趟。

我想去百老汇看音乐剧和芭蕾舞表演。还想听爵士乐。虽然在杂志 *Swing Journal* 中也有关于纽约最新消息的翻译，大约有 3 页左右“Downbeat”和“Metronome”的相关内容，偶尔还会有关于音乐剧的文章，但毕竟身处东京无法直接获得纽约的信息。

最重要的是我想要亲自感受一下那里的设计。

同年年底，粟辻博在位于下北泽的家里举办了一次派对，并且给我们介绍了来自夏威夷的歌舞伎研究者三时武雄。从那以后我就总和粟辻一起跟他学习英语，我们的关系迅速地亲密起来，1960年春天他回到夏威夷，在得知我想去美国的心愿之后，他在自己工作的电视台帮我找了一个工作。

当时那个年代还不能随意去海外旅行，如果不能对经济做出贡献，根本就拿不到外币和护照。我也是多亏了三时武雄，才以业务关系得到了前往美国的机会。

结识夏威夷的朋友，参加设计大会，这些都让我对英语圈的好奇心变得越来越强，于是我向龟仓申请休假，决定要在秋天的时候前往美国。

但办理出国的手续非常麻烦。首先要向通产省（现在的经济产业省）递交书面材料说明出国目的。刚好我在日本Design Center负责丰田汽车公司的广告制作，于是我就以学习汽车销售的宣传方法为理由，并且找了丰田和龟仓作为证人，再加上我有夏威夷电视台发来的邀请函，因此获得了通产省的许可。

接下来就是去大藏省（现在的财务省），申请一天只有30美元的出国补助，等这些手续都办完之后才可以去外务省，最后我终于获得了只能使用一次的牛皮制纵列楷书体的护照。

当时1美元可以兑换360日元，一天30美元根本什么也干不了。于是我拜托认识的美国留学生帮我搞点美元。那时候还没有像JTB那样的旅行社，我只能去位于日活宾馆的香港旅行社购买机票。当时日本航空还要向外国的航空公司租借起降平台，刚刚开始导入喷气式飞机。

1960年12月，圣诞节的第二天，我终于坐上了飞往夏威夷的飞机。很多人都来到羽田国际机场为我送行。大家对拿着宝贵的外币前往海外的人都充满期待，希望他能够带回巨大的收获。我充满使命感的同时也感到深深的不安。在我3年前上京的时候，也有很多人在大阪站送我，那时候我也是同样的心情。

三时武雄在夏威夷迎接了我，我们一起过了新年，然后我就急急忙忙地赶往下一个目的地洛杉矶。

我在美国本土的第一个落脚点，是位于日本人聚居区正中心的京都宾馆。后来我在这里举办个展的时候，还看到过这个宾馆的老照片，当时的京都宾馆和现在完全不同，是一个又老又破地点也很偏僻的宾馆，而日本人聚居区简直就是日本国势和过去的真实写照。

如果我早上出门之前在床上放 25 美分的小费，回来时就会在叠得整整齐齐的毛巾上看到一个小纸片写着“感谢、合掌”。尽管没有见过面，但一个具有日本风格的老年女性古朴的身影仍然会栩栩如生地浮现在我的眼前。

在日本人聚居区的杂货店兼食堂中，有炒饭、荞麦面、生鱼片等颇具关西风格的菜品，50 美分写作 50 钱，很多看起来无所事事的日本人都聚在这里。这种不同性质的日本风景看起来莫名的压抑，旅行的浪漫主义全都被打得烟消云散，只有历史的沉重感袭上心头使我也变得忧郁起来。

不过当我坐车游览洛杉矶市区的时候，心情也为之一变。销售罗孚和菲亚特的经销商，与丰田公司相比简直就是天壤之别。

在比特摩尔千禧酒店举办的晚餐宴上，只是看到那些身着晚礼服的宾客和蓬松的绒毯就让我感到有些胆怯。日本竟然和这样的国家进行过战争，真是让我难以想象。

在美国看到的一切都让我感到无比震惊，高速公路、保龄球场、超市、带滤嘴的香烟、汽车影院等等。开着汽车直接看电影这种创意，日本人是无论如何都想不出来的。在我看来可口可乐这种饮料就好像是文明的象征一样，我甚至对着自动贩卖机仔细观察了几十分钟。

我去了迪士尼乐园，里面的小孩子们一看到我就大叫着“小日本、小日本”，我还去拜访了自从通过《金臂人》得知之后便一直非常尊敬的索尔•巴斯，得到了他赠送给我的《你好，忧愁》《环游地球八十天》《法老与众神》的海报和印刷品。自从索尔•巴斯之后，设计师才开始正式负责电影的标题设计，所以能见到他让我感到非常高兴。

接着就是我朝思暮想的纽约。早晨我还站在洛杉矶，傍晚时分就已经在阿巴拉契亚山脉上方看落日了，没多久曼哈顿那如同装满宝石的首饰盒一样五彩斑斓的夜景就出现在我左手边的机舱舷窗上，1月10日18点30分，飞机在纽约机场，现在的拉瓜迪亚机场降落。

尽管我抵达的时候纽约天降大雪，但几天后就赶上约翰•肯尼迪总统的就职庆祝活动，街上充满了欢快祥和的气氛。

京都美专的后辈松沼有纯帮我在百老汇32号的马提尼克宾馆预约了一晚8美元的客房。在让我全身僵硬的紧张感之中，坐进装满热水的浴缸时那种舒畅的轻松心情让我至今难忘。

我首先带着龟仓的介绍信，前去拜访了印刷工艺协会会长。印刷艺术家阿隆•巴恩斯。他在自己生产铅字的工厂大楼里有一个工作室，我就在那里战战兢兢地用幻灯片向他演示我的作品。

他对我作品的好评程度远超我的预期，他还问我“纽约的设计师，你都想见谁”。

我回答说，如果可能的话想拜访一下赫伯•鲁巴林和刘•杜夫斯曼，结果他立刻拿起电话帮我预约了见面的时间。“受宠若惊”和“大喜过望”大概就是对我当时心情最贴切的表达。

1月17日傍晚6点左右，我前往位于艾迪生街52号的哥伦比亚广播公司（CBS）拜访了刘•杜夫斯曼。当我在空无一人的昏暗走廊里找到他的房间时，发现即便是休息日他仍然在和年轻的插画师们一起工作，墙上挂满了刚刚送来的报纸广告的校样，地板上则到处散落着本•沙恩、施耐德、斯坦伯格等人的原画和欧文•佩恩的照片。我第一次如此近距离地接触到世界上最先进的创作现场，不由得产生出一种这里真不愧是纽约的感慨。

他当时还不到40岁，却是活跃在哥伦比亚广播公司第一线的美术总监。这份工作非常知性和潇洒，与社会有着非常紧密的接触。他对我没有丝毫的偏见，一边用幽默的解说向我介绍公司的促销工具和各种各样的广告，一边塞给我很多资料，多到我都要拿不下了。

广告就是由这样奢侈的艺术构成的。与刘•杜夫斯曼见面之后，我对广告有了崭新的认识。

在阿隆·巴恩斯的办公室里，还有一个人也观看了我播放的幻灯片。当我播放完毕，房间里又恢复之前的光亮时，一只大手突然伸到我的面前要和我握手。这个人就是皮特·布兰廷加。

他是荷兰印刷公司的少爷，被位于布鲁克林的普瑞特艺术学院聘为特别讲师，那一天他刚好去巴恩斯的工作室里玩。

他邀请我到他的课堂上以客座讲师的身份向学生们播放幻灯片并加以讲解。因为事发突然，我一时间不知道应该如何回应。邀请一个连英语都不会说的无名之辈去讲课，这简直让人难以置信。但是对方的再三邀请我实在是无法拒绝，结果几天之后我手里捏着一把冷汗，站到了普瑞特的讲台之上。以此为契机，我和皮特·布兰廷加之间保持了多年的交往。

虽然我只在纽约待了短短的10天时间，但却如愿以偿地见到了赫伯·鲁巴林和伊万·切曼耶夫。我回国时所带的行李中，除了他们的作品之外，还有火柴盒、音乐会的门票、衬衫和裤子，甚至中央公园的小石子，一切的一切都充满了纽约的气息。

这趟美国之行，让我切实地感受到了国际社会的存在以及大众文化对社会的推进力。如果用一个词来概括，那就是视觉传达（Visual Communication）。这不单纯是将设计组合在一起的视觉上的方法论，更是可以通过心灵传达给对方的开放的知性和纯朴的人性，能够打破日本与美国之间存在的一切壁垒。虽然这次的美国之行花光了我全部的积蓄，但我却带回了完全无法用金钱买到的东西。

回国后我带着在纽约的兴奋之情写下了“电通信”和“设计”等文章，广告稿撰写人小池一子在看了我写的原稿后，邀请我接受采访。

当时小池刚刚创建了一家设计制作公司，正在企划一个叫做 *Printing Ink* 的印刷油墨工业联合会的宣传杂志，为其创刊号进行取材。那时候 *McCall* 和 *Esquire* 等海外的视觉杂志在日本的地位就好像圣经一样，小池打算做一本日本版的这样的杂志。我在和她交流的过程中得知，她参加过早稻田大学的自由舞台，非常喜欢戏剧表演，于是我们之间的距离一下子拉近了。

就这样从第二期开始我便负责这个宣传杂志的设计工作。在她的介绍下，我又制作了印刷油墨工业联合会的主承销商东洋油墨的挂历，发行了大日本油墨的 DIC 颜色模板，还给剧团三十人会创作了海报，开创了不少新的工作领域。

在 *Printing Ink*，我和后来因为资生堂的柜台陈列而广为人知的伊藤隆道，以及当时刚从多摩美毕业的三宅一生等人进行过座谈会。我与三宅意气相投，在他前往法国之后仍然保持着交流。大阪世博会上三宅给资生堂设计制服的时候，我还给其中几个人画过肖像画。

我的 20 世纪 50 年代好像一下子就过去了。现在回忆起来，自从我 1950 年进入钟渊纺织公司以来，1952 年在产经新闻社，1957 年在阳光广告公司，1960 年在 Design Center，刚好和升学的时间段一样。钟渊纺织公司对我来说就像大学院一样。

我 20 岁到 30 岁的这 10 年究竟是怎样的一个时代很难用一句话概括，我觉得应该是最波动的时代吧。但不管我做什么，终极的目标都是设计，那是一个废寝忘食做设计的时代。

我忽然想要辞去Design Center的工作。但这与我之前辞去产经新闻社和阳光广告公司的工作时的状况完全不同。在此之前我都只是借助他人的力量，就算其中也有自己的意志，但最终还是在跟着别人走。

我的工作实在是太多太累了。进入60年代之后发生了许许多多的事情，眼看着别人都加入了各种活动，创作出许多作品，尽情地享受着人生，只有我还在像牛马一样拼命地拉车，为了公司而不停地工作。我想要放慢一些节奏，做自己喜欢的工作。再加上我本来就不怎么喜欢汽车，从性格上来说这也不是一个适合我的工作。

Design Center在刚刚成立的那两三年间还算不错，但因为做广告多多少少要受客户企业的制约，有设计能力的人往往无法真正地发挥自己的才华。或许有些人适合自己独立展开工作，但在年轻的时候或许跟着能够对自己进行详细指导的前辈一起工作更好。

日本Design Center的理想，是让日本的设计变得更好。但是为了创作出更优秀的作品，不能只是一味地点头哈腰，而是和顾客站在对等的立场上，让顾客方面也培养一些设计的感觉。

在龟仓辞职之后，Design Center 想要创建理想中的设计工作室这一最初的目标也随之崩溃。面对这样的局面，我终于下定决心自己创业。

在我辞职之后，木村、宇野、横尾等人也相继离去。只有永井还留在 Design Center，片山则从瑞士去了美国。

I II III **IV** V

IKKO Tanaka

田中一光自伝
われらデザインの時代

一　新道路

1953年（昭和38年）4月，我离开日本Design Center，将自己在青山一丁目的住所改成了工作场。虽然我辞职并不是因为接到了什么大订单，但我还是邀请刚好从桑泽设计研究所毕业的太田彻也来做我的助手，一边制作之前就一直在做的产经观世能乐、神户劳音、剧团民艺等的海报，一边享受着久违的悠闲生活。

那时候我们每天都带着便当一起去根津美术馆或者在青山周围散步，晚上就到处喝酒，每天都过得很潇洒。当时我刚从美国回来积蓄都被我花得精光，有时候一整天都在事务所里等待客户打来电话，但对于日后的我来说，这段时期却是难得的充电期。

神户劳音的海报是从1956年我在产经新闻社的时代开始的。

这并非公司的工作，而是我的兼职。虽然当时的劳音（劳动者音乐协议会）因为面向广大劳动者而非常具有影响力，但支付的设计费却很低，一个月只有5000日元左右。我又要照相排版，又要用快递把样章发过去，又要打长途沟通，所以这项工作对我来说根本就是入不敷出，但因为可以随心所欲地进行设计这个优点，我还是每个月都会给神户劳音设计一份海报，一直持续到1969年。

我拜托宇野亚喜良、和田诚、横尾忠则、原田维夫、长友启典等人创作插画，设计了许多演出海报，从古典到现代都有，我还负责机关杂志《音律》的封面设计。后来我和永井一正共同进行这项工作，由他负责古典风格，我负责现代风格，再后来由于预算缩减，又变成只有我一个人进行制作了。

大阪和京都的劳音也模仿神户开始制作海报。大阪劳音的海报由滩本唯人负责，京都劳音我则介绍给了横尾。当时他刚从日本Design Center辞职，处于一个比较动荡的时期。

像音乐海报这种将音乐视觉化的工作，我在产经时代做过很多，但基本都是现代风格的，而很少有做古典风格的机会。给神户劳音制作海报对我来说最大的收获，就是加深了我对古典音乐的了解。那时候我经常去神户听劳音的演奏会，比如莫扎特的《费加罗的婚礼》和威尔第的《茶花女》等等，有时候我还会去听其他的演奏会来寻找灵感。

给剧团民艺设计海报是从1960年开始的。我在世界设计大会上结识的建筑家菊竹清训给普利司通重新设计展厅的时候起用了我，我和他一起检查瓷砖的粘贴工作时，刚好碰到了民艺的菅野和子。

高尔基原作、村山知义导演的《底层》于1961年3月上演，以这部作品为契机，我从创业开始一直到1980年负责了民艺许多作品的海报设计工作。

但设计戏剧海报是一件非常困难，需要花费大量精力的工作。

如果是给剧团设计海报，那么可以由一名固定的设计师根据剧团的风格来进行设计，但给剧场设计海报却不一样。作为一个剧场的AD（美术总监），因为并不知道观众对作品和演员的偏好，所以难免会缺乏连续性。

可能有的公演的海报比较适合宇野的风格，有的公演的海报比较适合和田的风格，所以总是由我一个人来做反而效果不好。这不但是对自己不负责任，对剧场和观众也都没有好处。

我也想连续几年负责一个项目，树立起自己的风格，让大家一看到海报就知道是我的作品。但我并不执着于过分地表现自己。

我认为自己更适合作为一个美术总监对设计进行总体的掌控，我的这种态度从神户劳音开始一直到现在的新国立剧场为止从来没有改变过。不管对于作者、演员还是观众，只有这样才是负责任的态度。

但问题也同样存在。比如公演莎士比亚作品的时候，剧场方面最初想要忠实于原著，所以要求描绘16世纪装扮的海报，但导演忽然改变了表演方针打算以更现代的风格进行表演，那么之前的海报就必须做出修改，给设计师造成极大的困扰。

民艺的海报都要接受宇野重吉的严格审查，从文字的大小到排列的顺序，搞得设计者都十分紧张。设计工作，必须相互之间心有灵犀，如果中间掺入第三者的意见可能会使工作彻底崩溃。

之前我一直忙碌地工作，而在我独自创业的第一年却非常清闲。瑞士的设计杂志 *Graphis* 给粟津洁、杉浦康平和我都制作了个人特辑，龟仓负责撰文介绍我们。海外的杂志似乎开始对我感兴趣起来，第二年的 11 月，德国的 *Gebrauchsgraphik* 用了 8 页的篇幅对我进行了报导，又过了一年的 12 月该杂志在卷首用了 4 页介绍我的海报。

独立创业一年后的 1964 年 7 月，我搬迁到了新的工作室。新的工作室位于青山三丁目十字路口旁边的 VAN 大厦内，空间很大，本应非常便于工作，但为了迎接东京奥运会，新工作室对面的青山通一直在进行大规模的拓宽工程，结果一到下雨的时候道路就会变得泥泞不堪。搬迁工作完全由我们自己人工完成，我和太田两个人来来回回跑了好几趟，连桌子都是我们自己搬过去的。

同年，日本专卖公社（现在的日本烟草）举办了一个名为“Long Peace”的设计大赛。当时带滤嘴的香烟刚开始在日本普及，雷蒙德•洛威的名作“Peace”也开始以加长版的烟盒进行销售。这次大赛的第一名奖金高达100万日元。我的参选作品选择了与之前的烟盒相同的颜色，在象牙白的底色上有一个金色的鸽子。这个作品非常幸运地获得了第一名，原本我打算要是真能拿奖金的话就去欧洲玩一圈，但最后奖金都变成了工作室的租金。

由于东京奥运会开幕在即，日本的设计界也充满了活力。设计师们以胜见胜和龟仓为中心，为了制作会徽、海报、奖牌、设施标志等而成立了许多项目组，我也成为这些设计志愿者中的一员。

海报和会徽的大赛最终选中了龟仓的作品。虽然我落选了，但身为制作人的胜见希望能够将这些落选的作品也利用起来，结果因此促进了日本象形文字设计的发展。

当建筑师、室内装潢设计师和平面设计师齐聚一堂的时候，胜见总是核心人物。胜见不但拥有丰富的学识，而且能够平等地对待每一个领域，绝对不允许建筑师搞独裁。

胜见在政治上也具有非常卓越的才能。他在通产省和文部省（现在的文部科学省）等政府部门的人脉很广，只需要打一个电话就能够干净利落地解决问题。他与日本奥委会主席竹田恒德的关系很好，两人在设计上的看法往往也非常一致。我们的工作室就在现在的迎宾馆，当时的国会图书馆里。成员除了我之外，还有山下芳郎、广桥桂子、滩本唯人、宇野亚喜良、福田繁雄、江岛任、植松国臣、横尾忠则、原田维夫、木村恒久，总共大约有20人左右。

图书馆里面非常混乱，就好像废弃了一样。我除了要完成自己的工作之外，还要检查其他人的作品，决定餐厅、公共电话、急救室、邮局等设施的标志。我还参与设计制作了奖牌。冈本太郎设计正面，我设计反面。图案以五环标志为中心，周围排列着东京奥运会等文字。

东京奥运会不仅作为一届体育盛事取得了成功，还在设计的所有领域都取得了具有划时代意义的成果。龟仓给东京奥运会设计的官方海报大受好评，日本奥委会主席竹田恒德以“确立了设计方针”的理由授予龟仓每日设计奖，这说明日本设计师们取得的成果已经得到了社会的认可。

奥运会的海报之所以选择龟仓来设计，就是因为他具有深远的洞察力。

设计不只包括图形和色彩，还有与社会之间的联动以及个人思想的表达。对造型的灵感可能年轻人更胜一筹，但在洞察和判断力上则必须依赖经验。而能够将这两者完美结合起来的，就是四五十岁的阶段，龟仓的海报正是在这一时期发表的。

奥运会结束之后的1965年4月，我开始了自己第二次的海外旅行。

因为在荷兰的德容画廊即将召开我的个展，所以我需要出席。负责主持这次画展的人就是皮特•布兰廷加。这位我在纽约的阿隆•巴恩斯的事务所里偶然结识的友人，为了帮我举办个展，甚至还为我设计了祖徽并且制作了海报。在希尔弗瑟姆，以市长为首的50余名各界名流出席了画展并且在之后举行了晚餐会。

还有一个原因，那就是为了同年11月举办的PERSONA展，我需要去邀请一些外国作家前来参展。

当时正值“‘Graphics’55展”举办10周年。在10年前的

1955 年，与我同时代的设计师们都受到了巨大的冲击，认识到自己需要迫切地建立崭新的设计目标。如今 10 年之后的 1965 年来临之际，大家都觉得必须做点什么。

我与胜见商量之后成立了委员会，邀请从日宣美辞职的田中政江作为委员，一起呼吁全日本的设计师们积极参与进来。永井一正、木村恒久、片山利弘、粟津洁、胜井三雄、宇野亚喜良、细谷严、福田繁雄、和田诚、横尾忠则等人都答应参展，这样包括我在内就有了 11 名成员。

邀请哪些人参展成了大家最关心的话题。龟仓认为应该邀请和我们同时代的外国作家参展。候选人有保罗•戴维斯、刘•杜夫斯曼、卡尔•格斯特纳和扬•兰尼卡 4 个人。

可是我们给对方发了邮件却如同石沉大海一般杳无音讯。结果只能由我去和对方进行直接的交涉。

我匆匆忙忙地在阿姆斯特丹开完个展之后就赶往巴黎，刚好遇到正在旅行中的扬•兰尼卡得到他的应允，然后我在瑞士的巴塞尔与当时的明星卡尔·格斯特纳见面并且成功说服他参展。片山就在巴塞尔的盖吉制药公司工作。他特意请了假来接我，片山夫妇二人驾驶心爱的保时捷带着我翻越了阿尔卑斯山，在科莫湖和米兰各住了一夜，然后一直开到佛罗伦萨。

保时捷虽然是非常棒的汽车，但基本上是为双人搭乘设计的，片山开车，他的夫人坐在副驾驶，结果我就只能坐在后面的座位上。尽管只能蜷在这个说不上是后备箱还是行李架的狭窄空间里，但这趟旅程还是让我感到非常快乐。

虽然佛罗伦萨是文艺复兴的发祥地，但与设计带来的冲击相比，安吉利科的《圣母领报》更令我陶醉。我感觉这幅作品比《蒙娜丽莎的微笑》更加优秀，或许是世界上最好的名画。在城市中的设计上，尽管无法像风景的区别那样进行客观的对比，但米兰的新式家具还是让我震惊不已。佛罗伦萨给人留下的印象就是一座非常优美的城市，每一处残留有欧洲中世纪色彩的文化都让人叹为观止。

片山在日本 Design Center 那种商业性质过于浓重的工作中很

难发挥自己的才华。现在他能够找到适合自己的发展方向实在是令人欣慰。在遥远的异国他乡，如同缓慢熟成的名酒一样，不断地摸索着对造型的极致追求。

他发表了一些以渐变为主要元素的充满幻想风格的粘贴画作品，并且以此为契机被哈佛大学聘请为特别讲师。好像就在我离开之后的第二年，他便举家搬到波士顿的郊外了。

在佛罗伦萨挥别片山夫妇之后，我只身一人前往罗马。随后在接下来的几天时间里，我从罗马搭乘巴士前往了因“重归苏莲托”而非常著名的苏莲托，又去了那不勒斯和卡布里岛，街边的柠檬树上结满了果实，只要将手从巴士车窗里伸出去就能摘到。不禁让人感慨意大利是一个何等美丽的国家啊。当时还没有日文的导游手册，所以我只能凭着直觉随便走走。

接着我从罗马飞往纽约。在那个年代，从日本出发去外国旅行如果不找个熟悉流程的人帮忙都非常麻烦，更别说从外国去外国了，从在机场办手续开始一直到坐上飞机为止的整个过程都让人十分紧张。

时隔4年3个月我再次来到纽约，当时正好赶上在皇后区召开美国世博会，前川国男设计的日本馆由龟仓担任美术总监，从许多个角度向全世界展现了日本。

电力室的壁画是我负责设计的。为了介绍日本的纺织和发电技术，我将石元泰博的照片和铃木春信的浮世绘结合到一起，春信的行灯和发电站、巨大的电瓷、织布工与纺丝工厂，强调古典与现代的融合。虽然这是龟仓在一年多以前委托我设计的东西，但当完成品呈现在自己眼前的时候，我还是因为自己的作品能够在纽约得到展示而感到非常的高兴。

不过这次我来纽约有更加重要的使命，那就是邀请美国的两位设计师参加即将举办的PERSONA展。

我去新哥伦比亚广播公司拜访刘•杜夫斯曼的时候，很惊讶地看到一名日本年轻人来到电梯间迎接我。这个人就是金井淳。据说刘•杜夫斯曼很喜欢日本人的工作态度，所以一直雇佣日本人做他的助手，甚至流传这样一种说法，如果你想要做刘•杜夫斯曼的助手那就先变成日本人。

再次见面并听到我的请求之后，刘•杜夫斯曼很痛快地答应下来，在我回国不久，一个装满他作品的大木箱就“咚”的一声送到了我的事务所。

保罗•戴维斯刚刚结束他的新婚旅行，新公寓里面的行李还没来得及整理。因为房间里还没有椅子，所以我们只能坐在套着五颜六色的缀布床罩的床上，我不仅邀请他送作品参展，还和刚刚离职自己创业的他互相交流了一些近况以及经验。

在当时的设计界，插画家三桥阳子是第一个在曼哈顿工作的日本人。她是我在日本 Design Center 的同事，1963 年勇敢地走出日本，在莱克星顿街 68 号成立了自己的工作室。几乎所有在那个时候去纽约的日本设计师都受过她的关照。我在纽约逗留的时候，她也每天都与我同行。

PERSONA 展，正式的名称是“平面设计展 PERSONA”，从 11 月 12 日到 17 日在银座的松屋百货举办。这个名字是胜见取的。PERSONA 在拉丁语中有个人和人格的意思，但后来胜见在书中解释说，选用这个词并不单纯地代表着个性和个体性，而是意味着在设计的公分母上绽放出蕴含自己理想的花朵。

麹谷宏就在松屋百货的宣传部工作。他和我是老乡，而且我们俩的老家之间相距不到一公里，当年他在大阪的名门，早川良雄事务所里工作的时候，我每天都能在近铁电车上碰到他。

阳光广告公司的向秀男负责给松屋设计广告，麹谷宏则担任他的美术总监，但是在 PERSONA 展的第二年，他便辞去了松屋的工作只身一人前往巴黎留学，并且加入了德尔菲的事务所。后来的红酒专家大概就是从这个时候开始诞生的吧。

展览会大获成功，但对我个人来说却没有相应的满足感。我为了拉赞助而四处奔走，还把秘书处设在自己的工作室里可以说是做出了很多牺牲，不仅如此我还跑到国外去邀请作者参展，我费尽辛苦做了这么多都不是为了我自己而是为了大家，可是却有人在背后说我是一个精明的政治家。

我之所以喜欢像制作人一样的工作，或许是受胜见的影响吧。胜见教会了我对待设计要综合思考的视点。就算只是制作一张海报，也要从建筑、工业设计、民间工艺、插画等所有角度，以及国际化的视野来展开设计。总之胜见经常给我一些非常宝贵的激励。

二　邂逅建筑设计

上世纪 60 年代，建筑、服装、灯光等各个领域的设计师们，全都打破了领域的壁垒互相结合到一起，因此这是一个非常值得关注的时代。

1965 年（昭和 40 年），矶崎新在银座的松屋百货举办了一次“空间与环境”展。木村恒久展出了具有时尚风格的作品，横尾忠则也因为给土方巽做设计工作而脱胎换骨。一直到东京奥运会举办的 1964 年为止，设计界还保持着 50 年代的风格，但从那之后设计师们的态度全都发生了转变。

全世界都涌现出一种流行表现的潮流。1960 年我初次前往美国的时候，只展出一只鸡的劳申伯格的展会就已经开始展现出流行艺术的气息。1965 年我再次来到纽约时，嬉皮士们充满幻觉的艺术表现形式更使流行艺术得到了进一步的发展。而具有决定性意义的则是 1967 年 10 月，我参加完蒙特利尔世博会，在回程中顺路再次前往纽约的时候。

伊万·切曼耶夫在曼哈顿设计了一个叫做“ELECTRIC CIRCUS”的迪斯科舞厅。舞厅里的大屏幕上播放着充满幻觉风格的影像，顾客们则在舞台灯光的映照下不断地摇摆身体。仿佛整个舞厅都是舞台。昏暗的走廊里亮着红色的灯光，与改装后的陈旧大楼形成的对比反而带给人一种新鲜的冲击，以及如同时光倒流一般崭新的感动。

在那个时候，世界开始进入影像时代。彩色电视机得到普及，立体电影和动态艺术得到人们的关注。电子计算机也在此时诞生。

我的工作室从 1964 年开始每年都会举办圣诞派对，那一年的派对就是幻觉风格。我在天花板上挂了几个大大的白袜子作为屏幕，然后从大家的事务所里借来幻灯机，大约有 10 台左右的幻灯机一起打出画面，其中就有加纳典明在纽约拍摄的性感照片，大家在节奏感极强的音乐声中狂舞。

第二年，赤坂开了一家叫做“MUGEN”的迪斯科舞厅。藤本晴美负责灯光设计，每天晚上舞厅门口都大排长龙。

1967 年的 12 月 18 日，我趁着圣诞派对的余韵，邀请藤本作为灯光设计，在东横的大厅举办了一场名为“Mosaic Short-short Happening”的公演。表现形式是将 40 名在设计、广告稿撰写、摄影等各个艺术领域的艺术家们分别放在被隔离开的空间中，然后让他们在 3 分钟的时间内表达出自己的观点。

舞台模仿一个 2 层公寓的造型设计，上下各有 3 个房间，分别是白色的房间、红色的房间和挂着屏幕的房间，总共是 6 个房间，一开始所有的房间都是黑暗的，只有被灯光照到的 3 分钟之内，房间里的人才可以行动。跳舞也好、唱歌也好、演讲也好、绘画也好，做什么都行，可以随心所欲地表现自己。

谁，什么时候，进入哪个空间，这些都是由抽签决定的，然后大家会按照时间表，趁着灯光熄灭的空当交换位置。因为植松国臣说这个舞台看起来好像马赛克一样，所以将其命名为马赛克大会。

我去欧洲旅行的时候在巴黎第一次和藤本见面，是村越襄和细谷严介绍我们认识的。我在巴黎逗留期间，她一直开着摩托车当我导游。当时我就一直认为她是轻松喜剧灯光设计的第一人。正因为有她这样优秀的照明师，所以那只有一晚的奢侈公演大获成功。

因为我每年都会在工作室里举办圣诞派对，后来大家都知道了我的这个狂热爱好。我会将桌子和椅子都搬到屋顶上把整层楼都空出来，大家可以在铺着绒毯的地上光着脚随意走动。200 名以上的来宾脱下来的鞋子在电梯跟前摆成一排，负责换拖鞋的服务员非常辛苦。

后来我在派对上组织拍卖。每个工作室都会带自己的得意作品前来参加拍卖。粟辻博拍卖了一个凝聚他大量心血的丝织靠垫，价格一下子就被拍到几万日元。拍卖所得会用来购买派对所需的食品和酒水，但因为大家参与拍卖的热情很高，每次钱都多到花不完。

拍卖一般由永六辅主持。永很懂得拍卖的技巧而且以赚钱为乐。不一会的工夫拍卖台上的钞票就会堆积如山。和田诚还带吉永小百合来参加过拍卖会。在拍卖会上吉永说“我什么也没带，不如就拍卖我的吻吧”，大家一下子全都沸腾了。但是吉永的吻最后被谁以多少钱拍下来，我已经不记得了。

我经常和建筑家在一起工作。如果说海报是平面的设计，那么建筑就是立体的设计。1969 年，菊竹清训委托我负责设计赤坂东急宾馆的外装，这对我来说是很独特的经历，菊竹让我随意发挥。当时正值幻觉艺术从鼎盛开始走下坡路的时期，大型的壁面装饰成为注目的焦点，粟津洁与竹山实一起创作了新宿 1 号馆和 2 号馆的外装，在正面描绘了数字和花纹，当时纽约也比较流行在仓库的墙壁上描绘涂画和花纹的艺术表现形式。

因为宾馆要接待不特定多数的顾客，所以设计风格不能太奇葩。但当时对设计的要求就是奇葩。这就让人很为难了。

从接受委托开始到完成为止，整个时间表都非常紧张。我原计划先以条纹的样式把瓷砖贴上去，但由于墙壁的面积太大无法一下子调到那么多材料，特殊瓷砖肯定是来不及制作了，所以只能选择店里现有的款式请求生产商加大产量。但生产商伊奈制陶（后来的INAX）说，加大产量的话在颜色上就不能有太多的选择。

宾馆的正面对着夕阳，所以如果选用冷色系的话，反而看起来显得脏兮兮的。于是我从现有款式中选出粉色、米色和白色3种颜色，组合成条纹状的图案。

从某种意义上来说，这种设计也是我对街道的提案。虽然有人说这设计很难看好像军舰睡衣一样，但批判也是一种积极的反应。宾馆的外装设计改变了赤坂周围的环境，作为一个标志性的建筑充分地发挥了其附加的价值。总之这个条纹大楼被民众牢牢地记住了。

花纹有3种基本形式，分别是条纹、格子、水泡。我在钟渊纺织工作的时候，前辈就曾经教过我，如果在设计纺织品的时候遇到了瓶颈，那就从这3种里面选1个出来准没错。西武的包装纸上所使用的水泡花纹就是其中的变种，我与堤清二之间的合作将在后文中提及。

我与菊竹之间最初的合作是普利司通的展厅。因为阳光广告公司负责普利司通的广告设计，所以应该是向秀男为我们牵线搭桥。后来我们又合作了白木屋绳文展的陈列设计，还有馆林市政厅、加山雄三的HOTEL PACIFIC茅崎、萩市民会馆、银座西武剧场、久留米市民会馆等许多项目。

菊竹在60年代与黑川纪章和川添登联合提出了“建筑的新陈代谢宣言”，创作出音羽SKYHOUSE等作品，是引领新时代建筑运动的带头人。

在建筑领域，设计的功能性和造型性之间的对立非常严重。在平面设计领域，功能主义和造型至上主义之间并没有太大的冲突，但建筑如果过于追求美感则必然要影响到功能，两者之间常常会出现巨大的偏差。漂亮而有趣的建筑，往往不适宜居住、不便于使用，或者容易损坏，总之存在许许多多的问题。如果按照这种逻辑进行设计，很容易陷入理论的陷阱，创作宗教建筑或者纪念碑倒还好，但如果是设计普通建筑的话只会越来越脱离生活。

建筑是一门学问。特别是关于西式建筑，从明治时代开始就一直有不少研究者前往海外留学吸收新的知识，并且将这些知识收归己用。但由于建筑是由在现场的工人们制作完成的，所以相当于现场的集合体一般的综合建筑公司的设计部设计出来的东西，往往与纯粹的研究者们存在着许多的对立。

由于业内人士普遍认为建筑工人和建筑家是不同的，所以至今仍然有很多建筑大赛都不接受建筑公司设计的建筑参选。过去甚至还有不愿意和建筑公司一起进行设计的建筑家。

平面设计的世界中并没有这样的情况。在日本艺术指导协会之中还有将平面设计与广告混为一谈进行现代创作的情况，平面设计师与印刷行业之间的关系很好，追溯到浮世绘的时代，绘画师与雕刻师和印刷师就是相互合作的关系。

三　大阪世博会

因为大阪将在1970年（昭和45年），作为日本开国百年纪念，举办亚洲首届世博会。大概是在胜见胜或者河野鹰思的推荐下，我接到为政府馆一号馆的“历史”进行展示设计的委托。那是1968年的时候。

从那之后的两年间我一直在做世博会的相关工作。毕竟是第一次尝试用一栋建筑来展示日本的历史，所以我每天都围绕着设计的方法不断地进行尝试。关于设计的讨论总是要花费很长的时间，工作室白天进行正常的工作设计，晚上则变成世博团队，还分成设计组和展示组两个团队，那场面只能用手忙脚乱来形容。

政府方面从通产省派遣堺屋太一（池口小太郎）作为政府馆的负责人，今日出海担任监修。我们的任务是将从原始社会到明治维新的日本历史，交错地展示出来。到佛教传入为止的历史都选用印象展示的方法，在半圆形的穹顶下搭乘自动扶梯上升的途中可以看到埴轮和绳文土器的展示，这部分由河野负责。等上到最上面之后依次是神、佛教传入、镰仓时代、室町时代、南蛮文化、桃山时代、江户和明治时代。

最困扰我们的问题是，日本对历史的研究甚至连断代史都称不上，研究的领域非常狭窄。每个月我们都会针对展示物反复开会进行研究和讨论，相关的历史学家会作为顾问出席会议，对我们提出的问题进行验证和解决。但很少有历史学家对从绳文、弥生一直到明治维新的日本历史有综合和整体的把握，也就是说了解日本通史的人太少了。

我请教过一名研究奈良的专家，结果他说自己是大化改新的专家，对其他方面的内容都不知道，而禅的研究者则对江户之后的时代都漠不关心。这种状况真是让我非常头疼。

我对今提出这个问题，并且强烈要求聘请京都大学的吉田光邦作为历史顾问帮助我们进行设计。一开始今很是生气，但逐渐地他也认可了我的意见和做法，帮助我们请来了吉田。历史馆在吉田的帮助下，终于确定了展示方法。

不过在给今做演示的时候，只要我稍微说错一句话，就会马上有一群历史学家围上来指责“你这个地方说错了”。日本的学问就是这种学问，和我们平时对历史那种肤浅的认识完全不同。

世博会的展示设计，远远超出了平面设计的范畴。虽然今很重视学者们的意见，但实际的展示工作却不能依赖学者，必须由我们在现场完成。

比如重现龙安寺的庭院，因为没有足够的展示空间，所以我们特意挖了一个洞，在洞的深处放上镜子，这样从上面往下看的时候就会显得庭院很广阔。至于庭院里的石头则都是塑料做的仿制品。

关于室町时代，我们用了一整面墙壁来展示大德寺的墨宝，再搭配上庭院与雪舟的四季山水的照片。顺着楼梯走下去就是南蛮文化，粟过博设计了一个大海的挂毯。江户时代以金色为主题，光悦的砚箱、光琳的燕子花、手匣、能衣装等要素都通过金屏风一样的壁画表现出来。

像这种博览会无法借用真正的文物用来展示，所以全都需要制作复制品。药师寺的圣观音、百济观音的模刻、文乐人形的自动演技等，都是一些非常难以复制的展示品，其中最难复制的当属东大寺大佛的莲花宝座。

东大寺的大佛曾经遭遇过数次火灾，从奈良朝一直残留下来的只有在那个巨大的大佛膝盖周围的莲花宝座。如此宝贵的历史文物，东大寺是否能够同意直接在上面倒模制作原型是个大问题，包括通产省在内的相关人员甚至提出了更改设计方案的要求。

但是，如果没有莲花宝座中的雕刻图案，怎么能表现出奈良朝那远大的佛教思想呢？我百折不挠地进行着交涉，一刻也没有放弃希望。东大寺对我来说是一个充满回忆的场所。我从少年时代开始就对其有一种近似祈祷的坚定信念。

幸运的是，寺院方面虽然不允许我们用塑料倒模做造型，但允许我们进行等比例的模刻。我们大喜过望立即动身赶往奈良。

我在负责大阪世博会设计工作的过程中，深刻地认识到日本是一个文化输入国家。从佛教开始，日本一直在受大陆文化的影响，而本土文化只有平安、桃山和江户时代。虽然桃山也受南蛮文化的影响，但因为受影响的一方拥有敏锐的感觉，所以并没有单纯地具体模仿。琳派继承了王朝文化，能乐的世阿弥和歌舞伎都将日本的戏剧变成了独特的东西。江户时代确实是一个了不起的时代。

仔细想一想，日本文化似乎都集中在世阿弥、利休、琳派、浮世绘、歌舞伎这五点之上。如果追溯到更早的时期或许还有平安朝和假名文字，尽管从视觉的观点上排除了和歌与俳句，但独特的日本文化这个视点，也同样被利用在后来在伦敦举办的日本文化展上。

1970年3月举办的日本世博会，因为在影像方面使用了多屏幕组合等新技术，所以给人一种影像世博会的感觉。但从开始筹划的1968年到1970年之间，日本社会因为日美安保法案等问题正处于学生运动的最高潮，所以我们和年轻的建筑师、设计师之间的关系也非常紧张。虽然我当时还不到40岁，但只要我稍微提出一点陈腐的言论就会立刻遭到年轻人们的反驳。

因为是给政府办事，所以在申请预算时需要提交大量的资料，企划书、预算书、账本，这些东西装了整整两箱子，制作资料的时间甚至比进行设计的时间还要多。

在政府馆的展示设计过程中发挥巨大作用的吉田光邦，是我在画室剧场时代结识的，虽然他比我大十几岁，但对我来说就像是兄长一样。那时候我们在知恩院的华顶会馆表演梅特林克的《佩利亚斯和梅丽桑德》，当时还在龙谷大学教书的吉田在演出结束后的庆功宴上与我一起干杯庆祝，然后我们就这样熟识起来。

从那以后又过了大约10年，我正在日本Design Center工作的时候接到一个电话，时隔多年与吉田再次相会。吉田为了将京都市的历史介绍给全世界，发行了一本英文书*KYOTO*，他想找我帮忙做一下装帧设计。

我为了摄影每周都会去京都，吉田凭借丰富的知识和准确的判断力将京都的特质按照历史、社寺、祭祀、工艺等准确地进行分类，展现出优秀的编辑才能。我以桂离宫的隔扇为中心，选择了红色与白色对比的设计。

我在京都的4年中一直沉迷于学生戏剧，所以就像奈良的佛像一样，从西阵织到怀石料理，我都没有认识到它们的艺术价值，当我看到吉田的稿件后感到非常震惊。我彻底被京都的艺术征服，对日本的历史和造型产生出强烈的关注，正是受这本书的影响。

后来他又委托我设计《日本的烧物》和《日本的工艺》，1968年我还参加了《日本的花纹·花鸟》全三卷的编辑工作，我对历史的热情完全燃烧起来。不知从何时开始，吉田从过去的戏剧同好变成了我的历史老师。

《日本的花纹·花鸟》是由吉田和北村四郎、木村重信、八木一夫等人合著的，同时出版的《数寄屋》则是和二川幸夫、伊藤贞二合著的，这些人都是对日本的传统有崭新理解的学者，我在与他们合作的过程中获得了许多宝贵的经验。

吉田曾经这样说道："在战火中幸存下来的奈良与京都，被战火摧毁的大阪与神户，通过对这四座城市的比较，我发现了战后城市街道的变化，这个发现是非常重要的。"通过这些工作，一直在我身边个别独立存在着的日本的传统要素终于形成了一个体系，让我对日本的传统和文化有了更加深刻的理解，从而在我世博会的展示设计工作中发挥了重要的作用。

在世博会开幕之前，各个报社都计划出版导览手册。我当时负责给周刊《产经》设计封面，周刊《产经》计划出版一个临时增刊作为导览手册，邀请我做美术总监和编辑。

计划与世博会开幕同时发售的这本导览手册，不仅有对所有展馆的介绍，还有全部活动的介绍以及很多幕后故事，内容非常丰富，可以说就是靠内容和时间取胜。如此充满挑战性的工作让我热血沸腾，二话不说我就答应了下来。

拍摄照片、取材、委托原稿写作等工作非常辛苦。展馆更改展示内容或者没有按时完工，以及天气问题等都可能导致无法进行拍摄，每当出现意料之外的状况就必须更改版面设计。我一边拼命控制自己不要疯掉，一边在东京和大阪之间来回奔波。

拍完照片之后我会在回程的飞机上撰写图片解说词，然后将照片胶卷和稿件交给等在羽田机场的快递员。接着我会回到工作室进行版式设计，第二天一早坐第一趟飞机前往大阪，每天都像走钢丝一样。虽然我邀请了刚好从法国归来的麴谷宏帮忙进行编辑的工作，但工作室仍然每天都会加班到凌晨 4 点。

政府馆的实物展示和导览手册的编辑工作也在同时进行，不过在开幕一周之前政府馆的展示就已经在记者招待会上发表过，受邀者还可以提前进去参观。麴谷得到机会进去参观了一圈，拍到了很多宝贵的照片，还对关键内容进行了取材，在最后的编辑工作中发挥了巨大的作用。

导览手册终于赶在世博会开幕之前顺利出版，岩宫武二、二川幸夫、石元泰博等人拍摄的照片非常漂亮，矶崎新和吉田光邦等人的解说也非常详尽。由于这本导览手册的销量非常好，于是报社想让我把周刊产经的正刊也重新设计一下。

在此之前，所有的周刊杂志全都使用照片作为封面，然后在封面上用很粗的文字写上文章内容，给人一种非常不干净的感觉。我希望把纽约那种干净漂亮的周刊杂志风格带到日本，于是拜托和田诚描绘插画，用时代人物和话题人物的肖像画来组成封面。这种风格广受好评，周刊《产经》一直用了3年。

我对杂志的热情还在继续。产经新闻社计划出版一个时尚杂志，是由小池一子负责制作的视觉杂志。我们每天晚上都会在一起召开编辑会议，只在工作室里显然已经无法满足我们，于是咖啡店、酒吧都成了我们的会议室。杂志名我们决定将时尚的“MODE”反过来叫做“DOMO”，我们还制作了样刊，策划了前三期的内容。那时候还没有*anan*和*non-no*。

我和麹谷宏作为编辑部的一员，为了取材和寻找海外的情报来源，自告奋勇地出发进行环球旅行。旧金山、新奥尔良、纽约、巴黎、伦敦、华沙、哥本哈根这些地方我们全都走了一圈，是一趟为期 1 个月的大旅行。

我们抵达纽约时，刘 • 杜夫斯曼和伊万 • 切曼耶夫给我们开了一场欢迎会。奥托 • 斯托奇、亨利 • 沃尔夫、汤姆 • 盖斯马、乔治 • 路易斯等人全都到场，简直就像是一个“活生生的纽约 ADC 年鉴”，我言辞恳切地向他们讲述了我对新杂志的抱负，并且请求他们的协助。他们全都痛快地答应下来。

可是，虽然我们费尽辛苦进行取材甚至还制作了样刊，但产经新闻社却突然作出了停止出版的决定。我们完全无法理解。于是希望和产经新闻社的负责人谈一谈，尽可能地争取让杂志能够出版。小池拜托堤清二安排我们和产经集团的总裁鹿内信隆见一面。虽然和鹿内的直接谈判还是没能改变对方的决定，但借此机会堤建议我们和西武合作。

虽然在工作室的圣诞派对上，小池曾经向我介绍过堤，但我们之间实质性的交往却是从这件事之后开始的。就这样，我成为西武集团的美术总监。

在企划*DOMO*杂志的时候，我还太年轻，听不出别人说话背后的含义，只是抱着对杂志的满腔热情一个劲地往前冲，所以才会失败。如果我能够在事前进行更多的沟通，结果或许会有所不同吧。

四 时代的变迁

在进行世博会工作的同时，我还负责电影《森英惠的世界》的美术总监工作。这是为了帮助森向海外发展事业而专门制作的宣传电影，由奈良原一高摄影、成岛东一郎导演，使用70毫米胶片，时间长达30分钟。制作电影是我从小就一直向往的工作，我带着梦想成真的喜悦投入到制作之中。

这是一部计划在时尚秀上放映的电影，采用纪实风格讲述了现代服装与友禅之间的传统关系。我们要做到既让人轻松地了解日本，又不能太过日式，具有一定的国际性，尽管要求非常苛刻，但因为片中出现了很多森的设计，所以还是获得了好评。

我作为一个电影爱好者能够亲自参与电影制作，并且从理论上了解像蒙太奇之类的电影技术，对我来说是非常有意义的。成岛是曾经与木下惠介和中村登合作过的著名导演，对传统的日本文化非常了解。他非常喜欢喝酒，如果没有酒的话甚至不工作，在位于赤坂的工作室里经常一边喝酒一边工作。

森似乎对这部电影非常满意，她在纽约的华尔道夫饭店开设第一家日本人的时装精品店时，就委托我做美术总监，后来原宿的森英惠大厦建成时，她也委托我设计徽标，我们之间的交往就这样变得深入起来。

当时森正在出版一个叫做流行通信的对开大小的报纸。有一天森对我说，今后将会是时尚的时代，所以想将报纸变成小册子，名字也换成《时尚新闻》。我认为时尚新闻这个名字太普通了，还不如之前的“流行通信”，就劝她发行新版本的时候只要换一个徽标就好。

报纸改版为小册子之后的第一期就大受好评，发行量也有所提升。于是森决定将小册子变成月刊杂志，我作为美术总监需要招聘一些人手。于是我找来当时在阳光广告公司工作的浅叶克己，还邀请了广告稿撰写人丝井重里加入，工作室就设在涩谷的公寓里。

在阳光广告公司，只要在预定表上画一个“△”就意味着有兼职工作。浅叶在工作结束之后会一溜烟地跑到涩谷。阳光广告公司的人就会很生气地说“这家伙又去做△了”。我虽然也知道这件事但还是和浅叶与丝井一起制作杂志。流行通信的全盛时期很快就到来了。他们也在几年后为西武集团发表了“美味生活”和“不可思议的喜欢”等名作。

除了森之外，还有几名对我来说非常重要的女性。濑底恒就是其中之一。我与她最初相识是在1960年召开的世界设计大会上，到现在已经交往了近40年。当时她才刚刚结束美国的留学回到国内。

她非常聪慧、精通外语，身材高挑，即便穿着高跟鞋走起路来也一样迅速，工作起来雷厉风行丝毫不逊色于男性。因为她吸取了美国的先进文化，所以非常有魅力，还经常教我英语。

1964年，竹中公务店的宣传杂志*Approach*创刊。当时正值建筑热潮兴起，这本杂志以建筑理论和世界建筑潮流为主要内容，濑底是这本杂志的主创人员。在原弘的推荐下我担任了这本书的美术总监，还参与了包括封面设计在内的编辑工作。

这个宣传杂志是季刊，到现在已经发行了150多期。封面选择过饭岛一次、山城隆一等人的作品，大约25年前开始用石元泰博的照片作为封面，一直用到现在。现在这本杂志已经超出了宣传杂志的价值，得到了广泛的认可，在第100期出版的时候还在乃木坂的画廊举办了纪念展览。当我看到那些被整齐地排列出来的封面时，仿佛看到了自己的编辑历史。

我还和濑底创作过几本面向海外介绍日本文化的书籍。从1973年的 *THE RICE CYCLE* 开始，我们和汽车公司马自达合作创作了《汽车的日本史》《混合动力的文化》等以吉田光邦为主创的“马自达宣传册”，每年1册，总共编辑了8册，最后一本《静•寂•闲》给人的感觉就像是吉田的遗言一样。这种以学术为主题的视觉设计经验，后来又被我应用在《日本•风格》和《日本•色彩》的创作之中。

还有一个人是小池一子，在前文中我应该多次提到过她，自从接受她的邀请出任印刷油墨工业联合会的宣传杂志*Printing Ink*的美术总监开始，到现在我们也有接近40年的交情了。

作为高田贤三的制作人居住在巴黎的安斋敦子，三宅一生的纺织品制作人皆川魔鬼子，在意大利、墨西哥、巴西等地帮助我举办个展的迫村裕子，都与我私交甚密。我不管是工作、做助手，还是与人交往，都有一种长期化的趋势，或许这就是一种不可思议的命运吧。

尽管我有很多女性朋友，但我直到今天一直都是独身一人。或许我本来就喜欢独自一人的生活吧。尽管我也憧憬过温暖的家庭，也有寂寞的时候，但这些我都已经习惯了，与之相比我更不喜欢让周围的人看到我被生活的琐事烦扰。虽然生活的感觉很重要，但我很讨厌生活感觉变成生活烦恼。

上世纪60年代，设计界也被卷入政治的波涛之中。日宣美解散就是受其影响。成立于1951年的日宣美，在60年代前半段迎来了高潮，参选作品甚至一度超过4000份，而真正能够入围最终评选的作品则不到 200 份。可以说获奖是比考上东大更难的事。

日宣美展会在每年的 8 月份在松坂屋、高岛屋、京王等东京的百货商店拉开帷幕，然后在日本各地巡回。由于展出作品太多，需要非常广阔的会场，很难找到合适的举办场地，因此参展作品都被统一为 B1 规格，所有人都需要在这长 1030 厘米，宽 728 厘米的空间里展现出全部的自由和创意。那个时候，只要在日宣美展获奖就能够一举成名，因此日宣美展让日本的海报文化变得非常兴盛。

日宣美是一个全国性的组织，会员多达 1400 人。日宣美展审查委员会的 10 名成员从会员中选出，在一个相当于学校体育馆那么大的场地内将参选作品分批摆放在地板上进行审查。我也做过审查委员，在 8 月上旬最热的时候进行的审查实在是一项很辛苦的工作。

在 1969 年的审查会上，我们遭到了学生们的袭击。与其说是因为设计和艺术与商业主义勾结，不如说是因为明明平时都是商业主义，但在日宣美的展览会上却重视反战和社会相关的主题，学生们认为这种行为是欺骗，所以由一部分的设计精英对作品进行审查决定入选与落选的机构必须被粉碎。

那些人蒙着面出现在我们的面前，妨碍我们进行审查。虽然只是学生戴上了面具而已，但不知为何我们显得非常可怕，都不可思议地变得懦弱起来，向他们屈服了。对方只来了五六个人就迫使我们停止了审查，把作品都装到卡车上逃回了东京，结果后续的审查工作只能秘密进行。

这次事件使我们分裂成了两部分，一部分人整天抱着被害妄想，另一部分人则不理解学生为什么会袭击我们。日宣美的会员中也有很多二三十岁的年轻人，他们要么和学生们相识，要么就是和学生们年纪相仿，大家都以前卫作为标榜。而年轻人是不应该攻击前卫的，年轻人应该攻击权威主义者，横尾忠则和粟津洁认为他们和学生是站在相同的立场上，甚至说要辞去会员的身份。

其实在遭到学生们的抗议之前，日宣美内部也出现过害怕作品千篇一律的声音。但是那些落选者的作品实际上也并不属于前卫的类型。落选的作品要么是模仿之前的入选作品，要么是对同类作品的延伸，缺乏独创性，也可以说是参选者的千篇一律。

最后日宣美选出的获奖作品，是泷野晴夫等人的作品。那一年秋天，日宣美在银座宾馆的一个小房间里举行了一个只有寥寥数人的颁奖仪式，带着蓝色太阳镜的泷野在接受颁奖的整个过程之中都没有说一句话。他的获奖作品描绘的是一位中年男性与石膏造型之间的对比，是一个充满不可思议的抒情性的作品。

遗憾的是，1970 年日宣美就解散了。现在有一个类似的组织叫做 JAGDA（日本平面设计协会）。虽然 JAGDA 只是一个行业团体，没有日宣美那样的创作者意识，但成员和日宣美几乎都是相同的。我从 20 多岁开始就经常出席这样的聚会，在如今的 JAGDA 理事会中还有那时候日宣美的审查员，所以说实际上并没有什么变化。

要说日宣美对社会做出的最大贡献，就是到东京奥运会为止，经常会对社会提出一些崭新的建议，比如更改报纸的版式之类。但从 1965 年之后这种建议就一下子消失了，将插画紧凑而漂亮地整合到一起的技巧派成为主流。这些都被称为日宣美风格，也难怪会遭到学生们的袭击了。

即便如此，60 年代仍然是非常有趣的时代。快马加鞭地走在近代化道路之上的日本也不断地出现反对运动,先锋派艺术由此诞生，与之前完全不同形态和内容的戏剧与绘画得到年轻人的喜爱。

还有一个就是让东京完全成为文化的中心。因为东京之前一直作为东北文化圈，并没有关西那么成熟，所以像土方巽和寺山修司那样打着反近代化大旗的舞蹈与戏剧受到人们的关注，唐十郎和铃木忠志的作品也是如此。

同美国的社会与文化的关系进行比较之后，我仍然不知道这些运动是否能够明确 20 世纪的近代社会中艺术的方向，但从日本近代剧是从左翼系的丑陋世界发展而来这点考虑，先锋派艺术追求的世界确实改变了时代。

结果，我在正面的意义上对设计这份工作产生出一种对乐观世界的憧憬，并且充满了骄傲。即便同为舞蹈，玛莎・葛兰姆和土方也是截然不同，前者对男女之间的性有非常激烈的表现但却非常明快，后者以阴沉的黑暗世界为特征，但却在贫乏中透出一种美感。

从这种意义上来说，我的60年代与50年代相比更加动荡，是充满迷茫的10年。从我辞去日本Design Center的工作一直到开始在大阪世博会工作的七八年间，我什么都没有做，实在是非常痛苦的一段时间。

60年代后半段最热门的词大概是“幻觉”“造反”“情念”。在新宿黄金大街和二丁目等地的酒吧里，每天晚上都有人喝得酩酊大醉，甚至大打出手。在与现代社会完全不一样的那个时代，我和吉田光邦正在做“花鸟风月”。眼看着横尾忠则他们接连不断地从事着新工作，我则在这个二律背反的世界里苦苦挣扎。这就是我的60年代。

有人投身到政治运动之中，有人走在时代的最前面在MUGEN迪斯科舞厅里狂舞，而当别人问起“你最近在做什么工作”的时候，我总是红着脸回答说“在做花鸟风月”。

五　文字、色彩、纸张

70 年代初，在当时平面设计的工作现场，关于文字、印刷、用纸等情报令人意外地少。设计师们往往不知道可以使用哪些种类的文字、特色墨水有多少种颜色、书籍在装帧时都可以用哪种纸张。因为在设计工作中总是会遇到这些实际的问题，所以如果没有掌握足够的信息就会非常不方便，我非常希望能够有一个地方可以综合、系统地了解到这些东西。

于是我找原弘商量说，想成立一个崭新的印刷技术工房，不但具有照相排版功能，还需要拥有一切与文字相关的数据资料，能够准确地对应设计师们的要求。我们找了相关的公司让他们提供了文字、色彩、纸张等方面的赞助，在 1972 年（昭和 47 年）成立了“超设计”（OFF DESIGN）工作室，由广告制版的小山英夫担任专务。

文字部门由写研和森泽赞助，色彩部门由东洋油墨和打日本油墨赞助，印刷部门由大日本印刷和凸版印刷赞助，纸张部门由竹尾和特种制纸赞助。在纽约，“Off Broadway”也有作品凌驾于百老汇之上。所以我在给工房取名的时候借鉴了 Off Broadway 这个名字，以涵盖一切设计周边的意义取名为“超设计”。当时日宣美刚刚解散，超设计希望成为一个向年轻的设计师们提供情报的基地和使设计活性化的现场，因此里面还有可以租借的会议室和专门用来举办展览的空间。

以此为契机，我结识了很多人。其中就包括森泽嘉昭，后来我们一起出版了《文字博物馆》，举办了国际字体竞赛，还一起开发了字体，与胜井三雄、日暮真三、衫本贵志等人一起企划编辑了宣传杂志《横排竖排》。

后来我还为森泽制作过挂历。之前的挂历每一年都是不同的主题，而且相互之间没有联系，但是在 1984 年的时候，我大胆地选择古代文字介绍与研究作为挂历的主题。

首先从埃及开始，然后是希腊、印度、危地马拉、中国等。为了取材，要前往非常偏远的地方，十分辛苦。我在从耶路撒冷前往土耳其伊斯坦布尔的路上感染了严重的痢疾，每天从早到晚几乎都要不停地跑厕所。摄影由畠山崇和广川泰士负责，他们两人每年轮换一次，金子正刚负责语言方面的解说。一直到2000年为止，我们总共合作了18次。

原弘作为设计师帮助特种制纸开发了“安格尔纸”“雷萨克纸”“美人鱼纸”等特种纸，但因为原是竹尾的专属设计师，所以特种制纸必须另外聘请美术总监，于是我接下了原的工作。我设计的“丹特纸”“岩肌纸”“里纸”等特种纸系列一直沿用至今。

1968年，大日本油墨出版了《DIC色彩手册》全三卷，我与滩本唯人、胜井三雄一起将两万多个色板系统地整理到一起。这项工作花费了接近一年的时间。

这本色彩手册大受好评，因此我们3个人想要给设计师们建设一个画廊的提议得到了大日本油墨的支持。在社长的安排下，DIC大厦的三楼进行了大型改造，原和矶崎新也加入了我们，组成了运营委员会，1974 年 4 月，“设计画廊 DIC 广场”，通称 DIC 画廊拉开帷幕。

为了庆祝画廊开业，我们邀请刚刚创立不久的东京插画师俱乐部举办了第一次展览。由于展会盛况空前，以至于我们不得不延长展期。

我还企划了毕业设计展。那时候艺大和多摩美等美术院校的学生毕业设计都被封闭在校园中，没有一个合适的地方将这些作品展示出来。我在桑泽上课的时候就不厌其烦地向学生们讲述过对外展示作品的重要性，这也是我企划毕业设计展的原因之一。我在参观这些毕业设计的时候认识了佐藤晃一和河村要助，这对于日后的我来说是非常宝贵的收获。

DIC 画廊在两年零 6 个月的时间里举办了 52 次展览，但最后还是因为 DIC 方面的原因而不得不关闭，这让我们的企划陷入了迷途。

刚好粟辻博负责设计的藤枝纺织在千驮谷新盖了一栋大楼，

顶级室内设计师北原近在 2 楼专门拿出了一处空间建成藤枝画廊。在我京都时代的好友粟辻博的帮助下，我们的企划终于能够继续下去。

过了大概一两年，藤枝纺织公司决定扩大展厅，于是我们转移到位于其子公司 Heart Art 的地下 Heart Art 画廊，但没过多久这里也关闭了，我们再次无处可去。

我意识到场地果然还是要靠自己才行。于是我在 1976 年呼吁设计师们集资，每人拿出 5 万日元在超设计工房里修建一个名为东京设计空间（TDS）的画廊。

随着时代的发展，全世界的大量情报全都汇聚到东京。工作变得越来越多样化，必须与其他领域的人一起合作才行，但设计师们却没有一个能够相互交流的场所。DIC 画廊的精神必须传承下去。

TDS 开设之后的第一个企划，就是由成员用作品展的形式进行自我介绍，每名成员有一天的展览时间。大约 10 年前，我在东横大厅举办的“马赛克”公演，每个人只有 3 分钟的时间，这次则是每日一秀，这个创意是由福田繁雄提出来的。

因为成员比较多，如果一个人展览一周的话，那么轮换的时间太长了，所以就决定一人展览一天，每天晚上开展。可能今天是平面设计师，明天则是摄影师，再下一天是室内设计师，每天晚上还会举办宴会。超设计工房里从早上开始空气中就弥漫着一股酒味，充满了令人眼花缭乱的活力。

由于TDS经常举办艺术展，因此来超设计工房的人也逐渐多了起来，间接地增加了超设计工房的知名度，业绩也逐渐提高。

后来六本木的AXIS大厦竣工，在普利司通的邀请下TDS搬迁到了那里。有人说TDS打下了日本设计的基础，但我认为TDS最大的作用就是给设计师们提供了一个交流的平台。每天晚上不同领域的设计师们齐聚一堂，好像召开研讨会一样畅所欲言，可以说这是一个相当于媒体一样的平台，所有人都可以灵活地利用这个媒体。

设计如果没有异种融合就不会有更进一步的发展。作为一名设计师，必须时刻思考应该让自己的艺术与其他什么东西融合。比如空间、比如科技、通过创造一个让艺术异种融合的场所，可以扩大设计的领域。这就是我创建 TDS 的目的。而且 TDS 的成员全都非常年轻，充满活力。

我经常协助画展的运营工作。

1985 年，乃木坂的 TOTO 开设了一个名为间的画廊。以前建筑家菊竹清训给 TOTO 设计银座大楼的时候邀请我做平面设计，从那以后，我一直和这家公司保持着联系。因为其同行 INAX 在银座修建了一个展厅，当时的社长山田胜次大受刺激，希望我帮忙想想办法。于是我找来安藤忠雄、川上元美、黑川雅之、衫本贵志，并在东京和位于北九州的总公司之间来回奔走交换意见。

但只是讨论的话，事情不会有任何的进展，于是有一天，我提议开一个画廊，将位于乃木坂的 TOTO 大厦 3 楼改造成一个以建筑家和室内设计师为中心的展览会场。那是一个只有 165 平方米左右的小空间。

我们5个人给画廊的运营提供了许多建议，比如介绍海外的建筑家之类，因为具有极高的专业性，所以受到了极高的评价。

大日本印刷运营的银座ggg（ginza graphic gallery）也是和TOTO差不多同时期，在1986年开幕的。

那栋大楼是大正时期建成的，光是地板就因为经历过无数次的改造而厚达15厘米。在我们提议将这里改造成画廊的时候，这里面就跟荒废了一样空荡荡的，就连大日本印刷对这里也没有其他的利用方法。

ggg开业的首次展会是大桥正展的“蔬菜插画”，但由于这栋建筑实在是太古老了，所以出现了漏水和发霉等问题。当时正是泡沫经济最严重的时期，这栋大楼被拆除重建，于是我们只能在松坂屋后面的一个小画廊里继续ggg的展览。

虽然那只是一个很小的画廊，但在大楼重建的过程中能够找到一个替代的场所，即便对于大日本印刷来说也已经很不容易了。我想，正是因为大日本印刷的这种积极态度，才使得ggg发展得如此繁荣吧。ggg 凭借其在银座的地理优势，举办了保罗•兰德设计展、穆勒•布鲁克曼展、东京 ADC 作品展等品质极高的展览会。

在龟仓雄策的奔走下，银座 RECRUIT 大楼里也开设了一个叫做 G8 的画廊，这是一个很方便的地方。但不管是 ggg 也好还是 G8 也好，现在已经不再是年轻设计师们能够聚集在一起的地方了，或许在现在这个时代为了某种目的“聚集”在一起这种行为本身就已经落伍了吧。曾经在土方巽家的 2 楼经常聚集很多人，TDS 的“每日一秀”也是从早到晚都有宴会，但最近再也没有听说过这样的情况。

即便如此，平面设计还是变得非常兴盛，银座的两个画廊连续 15 年举办了许多展览会。我在阳光广告公司工作的时代，对于拥有专门面向平面设计的画廊这种事，根本连想都不敢想。那时候银座只有用来卖画的画廊。

我非常喜欢参加画廊和剧场的开幕典礼。我从小就喜欢开幕式，或许是因为我亲身体验过那种开幕之前紧张激动的心情，而且在产经新闻社事业部时也亲身感受到了在后台工作的乐趣吧。

所以，我直到现在仍然非常喜欢后台工作。

企业的商标和 LOGO 是企业 CI［Corporate Identity（企业视觉形象）］的象征。

进入 1980 年代以来，CI 以惊人之势得到普及。从大型企业到街边小店都开始追求自己的 CI，最近甚至出现每隔几年就要更换新 CI 的趋势。

其实设计师们从 50 年代开始就已经预见到了这种情况，并且以企业的设计方针为名早早地就进行了研究。美国的 IBM 和 CBS，意大利的奥利维蒂，都拥有一个统一而且醒目的视觉形象，让消费者们能够一目了然并且留下深刻的印象。

日本人之前对 CI 的理解过于简单，因此很多企业的商标与企业的活动之间并没有太大的关系，后来随着企业内部开始产生出追求企业理念的行动，日本的企业才终于认识到商标和 LOGO 的重要性。

但另一方面，CI 本身缺乏创意和美感的问题，也随着 CI 乱立的情况变得愈发明显。

企业把设计 CI 的工作完全扔给设计师，虽然设计出一个优秀的 LOGO 和商标确实是设计师的工作，但最终设计出的作品是否能够让企业满意则全靠运气。站在设计师的立场上来说，如果能够灵光一闪地发现一个非常棒的创意，并且得到顾客的肯定，那工作就顺利得多了。

于是设计师们都尽量选择单纯的要素来组成 LOGO 和商标。但正因为简单，所以会受到各种各样的偶然性影响。

一般情况下 LOGO 和商标都是由投票决定的，也可以说是由设计师的状态决定的。不管你有名还是无名这都不重要，关键在于设计师的风格与天赋和企业有多少的共同点，在投票面前人人平等。

公众团体和大型企业在决定 LOGO 和商标时往往会选择竞赛的形式。我就曾经担任过许多次 LOGO 大赛的评审，在这样的比赛中，参选者的资质和能力就变得更加重要，如果评审认为你的作品不好，那么不管你的作品多么优秀都没有用。由于参选作品的数量太过庞大，有一些明明只要稍微修改就能很优秀的作品结果也只能落选。

但如果只选择那些得票数多的作品，很容易陷入平庸的陷阱。就是说选出的作品虽然没有缺点但也同样没有亮点，所以我在对参选作品进行比较时就会经常提醒自己必须发现设计者的独特创意。一个好的作品就算稍微有些缺点也无所谓，认清这一点不只对评审有帮助，在自己进行创作时也是非常重要的。

我从80年代开始就对三角形产生了浓厚的兴趣。

为了迎接即将在1985年举办的筑波世博会，几名设计师在1981年的时候举办了一场会徽设计大赛。一向不擅长比赛的我意外地赢得了优胜。因为当时正是标志泛滥的年代，所以我首先将一切干扰从大脑之中排除，然后从一张白纸的状态开始进行设计。特别是对于科学所特有的那种冷峻的美感，三角形是最合适的表达方式。

三角形的顶点象征着举办地筑波山的顶峰，三角形的3条边则分别代表着本次世博会的主题，即人、居住、环境。并列在一起的两个圆环表示人类与科学的和谐轨道。世博会的会徽将被应用在许多赠品广告和商品上，三角形的设计想必很难使用吧。

森英惠大厦的蝴蝶标志也拥有三角形的翅膀。这是我在1978年森英惠大厦竣工时为其设计的标志。我认为蝴蝶是堪称为森英惠大厦象征的重要主题。

当时我正好在设计康定斯基的海报，脑袋里全是关于康定斯基如何描绘蝴蝶的思考。因为蝴蝶本身最具有曲线特征，所以我才想尝试用直线来进行表现。

当即将在奈良举办的“奈良•丝绸之路博览会 ’88”委托我设计会徽时，我首先想到的关键词就是“联系”。丝绸之路是将东方与西方的文明联系起来的重要因素。当时在西洋的葡萄藤花纹中就能够看到蔓藤式花纹的白线花纹，而蔓藤式花纹在日本也有很多充满艺术感的演变。其中最为广大民众所熟知的就是浴室中的蔓藤式花纹。所以我选择了蔓藤式花纹作为会徽的主题，用举办年 1988 年之中的 8 字和丝绸的大写字母 S 组成一个上下纠缠在一起的造型，表现东方与西方之间的联系。

我经常使用这种将多个元素相互联系起来的创意。1977 年在京都举办的 WCC 世界手工艺品大会委托我设计会徽时，我选择将铅字印刷的字母 C 与充满跃动感的墨迹相结合的设计方法。铅字印刷的字母 C 具有非常明显的几何特征，而墨迹则充满偶然性的力量感，渗色且模糊，两者之间的结合象征了东西方文化之间的联系。

东京在 1991 年提出东京边境计划，想要在台场填海造陆建设出一个像纽约曼哈顿一样的经济中心。市政府计划召开一次博览会作为台场的开幕纪念，于是举办了一次面向全世界征集参赛作品的会徽设计大赛，这在日本是非常罕见的。

共有 11 名设计师参赛，其中包括梅顿 • 戈拉瑟和古罗皮乌斯等国际知名设计师，每位设计师最多可以提交 3 幅作品，但在最终入围的 5 幅作品中有两幅是我提交的，最终评委会选择了我的一幅作品。

拿到奖金的时候我确实很高兴，但后来议会直接否决了整个计划，为开幕式准备的博览会自然也就不了了之，结果这个会徽只能被雪藏起来。

东京边境计划之所以会被否决，原因之一是环境问题。建设在海上的城市群产生的大量垃圾应该如何处理？对生态系统造成的破坏和对水质造成的污染要如何解决？还有一个原因就是资金问题，由于泡沫经济崩溃，很多计划出资赞助的企业都纷纷表示退出。因为这个计划原本就没有修建住宅的打算，都是面向企业的写字楼，所以当企业都退出之后，计划只能被迫中止。

事情发展到这步田地只能说是运气太差，好不容易获奖的作品结果却难见天日，除了在《日本平面设计年鉴》上介绍过之外，就只在一份只发行了 1 年左右的小报上出现过。

六　书与设计

我很喜欢书。不管是杂志还是单行本，我对装帧和内容都非常感兴趣，当我担任书籍的美术监督时，总是会带着非常兴奋的心情投入到工作之中。将一本书从封面翻阅到封底的过程和观赏戏剧与电影有异曲同工之妙，而一边思考从内容到纸张选择，再到排版的整体流程一边编辑一本书，那感觉就好像是在做导演一样。

原弘认为书籍设计是最好的工作。原在素材上的造诣颇深，他一边研究汉字一边将亚洲各国的字体都整理成一个体系，他还在竹尾洋纸店开发了许多厚片方纸笺，在写研创设了石井赏，可以说对业界的发展做出了极大的贡献。

原是一个沉默寡言的人。他有高于常人一倍的教养，却没有表现欲望，绝对不是那种以惊人之举哗众取宠的类型。他对文字、纸张和印刷都有非常准确的把握，在对书籍进行设计时会根据书籍的内容进行最合适的编排。他的作品总是非常耐人寻味，简朴而有品位。我也从原的工作中学到了很多。

后来在 1985 年（昭和 60 年），原弘去世后他的作品集《原弘平面设计的源流》出版，我负责装帧设计。胜见胜早就提议出版这本书并且进行过多次的企划，却因为各种各样的原因一直没能够出版。不过，胜见先生的突然去世使得事情突然有了变化，平凡社立刻组成了出版委员会出版了这本书。

原堪称是装帧之神。我在设计这本书的时候，与其说是在追求更好的装帧，不如说是在苦苦思考怎样才能够做出像原那样的书。我认为对这本书来说最重要的，就是要具有原的气息。

1963 年，《太阳》杂志创刊的时候，原担任美术总监。这本杂志采用了当时非常少见的横版彩色印刷，可以说是视觉系杂志的创始者。我和水尾比吕志一起编辑了《太阳》的增刊《琳派》，虽然每天的工作都非常忙碌，但对我来说也是很宝贵的体验。

我在给《太阳》和《流行通信》设计 LOGO，以及给西武剧场和西武美术馆设计标题的过程中，草稿堆满了一个纸箱，有一天我整理这些草稿的时候发现它们很有特色。这些文字在以明朝字体为基础的同时横与竖之间还保持着极高的粗细比率，给人一种很鲜明的感觉，于是我打算将这种文字体系化。

森泽当时开发了酒井正的新字体“明石”，只要确定某种骨架，就可以使用电脑自动地创造出其他的文字。于是森泽委托我以之前的那些文字为基础，创作一个崭新的字体。

一个字体的骨架由横与竖的粗细比、鱼鳞状的三角形及上挑的笔锋等要素组成，我将自己已经写出来的 500 来个文字作为样本交给森泽，因为汉字很多都是由基本偏旁和部首组合而成的，因此他们很快就开发出几千个文字。

他们制作字盘的时候我去参观过几次，基本上文字都是在不断地自动增加。因为这种字体是我以明朝字体为基础设计出来的，所以森泽将其命名为“光朝体”并且投入使用。

在我负责制作的书中给我留下最深刻印象的，当属土门拳的摄影集《文乐》。书中的照片都拍摄于战争时期的1941年到1942年间，称得上是文乐照片的原点。

土门为了保护自己拍摄的作品不在空袭中受损而专门拆下自己家里的榻榻米，将拍完的胶卷和干板放进瓦罐里埋在地板下面。等战争结束后拿出来一看，虽然里面有些氧化了，但还是有不少照片完好地保存了下来。当我看到这些照片之后，不由得为其能够在战火中幸存下来的奇迹而感动。

不知为何土门看中了我，当骎堂找他出版这本书的时候，他主动提出要我来做装帧设计的工作。永六辅推荐武智铁二为这本书撰写文字解说。武智被文乐深深地折服，完全陶醉在文乐的世界之中。他甚至只要看一眼照片就能够立刻说出这是哪出戏及当时的台词。他还与山城少掾和吉田文五郎等名人之间有很深入的交流，拥有非常丰富的文乐相关知识，因此他能够用净琉璃中义太夫的调子对照片进行解说。这真是让我大吃一惊。

或许土门在文乐中发现了日本人的原像吧。尽管设计这本书是一份非常耗费时间和精力的工作，但在武智堪称完美的协助下，《文乐》可以说对昭和10年代的文乐做出了非常完美的记录。外界也对这本书一致好评，这本书获得了讲谈社出版文化奖、东京ADC会员奖及每日产业设计奖等。

我通过土门的《日本的雕刻》，对自己的故乡奈良有了深入的认识。我发现之前只有影像记忆的兴福寺的金铜造佛和新药师寺的药师如来像，背后竟然隐藏着耐人寻味的历史故事，于是我又重新绕着奈良转了一圈。那时候的故乡已经发生了翻天覆地的变化，让我受到了很大的冲击。

与海报不同，书籍会一直流传下去，因此在书籍装帧的工作上丝毫马虎不得。《文乐》并非平版印刷而是选择了照相凹版印刷，努力保留手工制作的优势。但由于上色工艺不佳，所以过了30年之后，现在那本书中的蓝色都已经褪成灰色了。没有考虑到这一点非常令人遗憾，由此可见设计师必须想到一切可能出现的问题才行。尤其是制作精装本的时候更是如此，我意识到了了解素材特点的重要性。

给书籍做设计，就像帮忙照顾作者交给你的孩子一样，必须倾注爱心与耐心才能设计出好的书籍。我在设计摄影集和精装本的时候都会先制作一个小型的样本。我对这个小样本非常重视，闲暇时会经常翻阅，替换里面的照片和图版，或者更改内页的版式。因为当时复印费很贵，制作等比例的样本需要花费太多的资金，所以一般都会制作小型的样本。我还举办过小型样本的展览会，当我看到这些小样本摆在一起的时候就仿佛看到了自己的缩影。

因为我的专业领域就是平面设计，所以我也做过许多年鉴。

在东京插画家俱乐部还在活动的时候，总共出版了 4 册《插画年鉴》。1968 年的年鉴封面由全部 32 名会员参与创作，但随着俱乐部停止活动，年鉴也随之停刊。后来又过了几年，这本年鉴以《日本插画年鉴》的名称重新出版，我参加了 1972 年版的制作，然后从 1974 年版开始负责了企划、编辑、排版、装帧等全部工作。

从 1976 年版开始，《日本插画年鉴》还发行了海外版。欧洲版的封面是由三尾公三设计的，那时候设计界最流行的一句话就是“看过那本蓝色的书了吗”。

后来在 1978 年我受 JAGDA（日本平面设计协会）的委托，企划并且编辑了《日本平面设计年鉴》。当时 JAGDA 希望能够得到更进一步的发展，这个年鉴就是解决方案之一。因为之前会员虽然缴纳了会费但得不到什么福利，举办展览会的话又因为会员人数众多无法普及每一个人，所以出版年鉴就是最好的办法。

同样，在衫本贵志和内田繁的强烈要求下，我又企划出版了《日本室内设计年鉴》，就这样整天都在与年鉴打交道。

提起空间设计，就不得不提我的几位朋友。衫本就是其中之一。

与衫本的初次相识，是在原宿的酒吧“Radio”。我听说那是一个很有趣的酒吧所以经常去喝酒。有天晚上，一个打着蝴蝶结身材矮胖的男人带着一位穿着婚纱的女性走了进来，身后还跟着一群人。听酒吧老板尾崎说，这天是衫本的结婚典礼，办完仪式后来酒吧举行二次会。尾崎还说这家酒吧就是衫本设计的。

以此为契机，我与衫本相识并且之后共同负责了三宅一生的精品店、冲绳海洋博览会以及西武集团等设计工作。

1973 年，在胜见胜的监修下，我们开始准备 EXPO ’75 冲绳国际海洋博览会，我负责政府出展的“海洋文化馆”的设计工作。衫本和水野俊介负责室内设计，上条乔久负责平面设计，因为会场只有一层，所以我们创造了一个海洋主题以蓝色为基调的空间，同时有规则地摆放几个蓝色的展示柜。

这是衫本的创意。展示柜在宽敞的空间里像火柴盒一样规规矩矩地排列在一起，每个柜子都有各自的主题，比如大洋洲、波利尼西亚等。造型的统一性与循环的节奏构成了独特的美感，一看就是非常优秀的创意。

但采用这种方法之后，就很难表现出海洋民族特有的那种活力。将他们的生活放进箱子里，像标本一样进行展示，这样做真的合适吗？在我的脑海中始终存在着一个疑问。

不过我还是认为衫本的创意很独特，于是我们决定了展示的大致形式，然后就出发前往海外取材。

1974 年，我们首先去参观了夏威夷的视觉博物馆，然后在塔希提岛、波拉波拉岛、斐济群岛、萨摩亚群岛、汤加群岛、新几内亚群岛和中国香港等地进行了为期一个月的取材和摄影工作。海洋民族悠闲自由的生活让我们感到非常兴奋。我们将独木舟、民家的屋顶、南国的花花草草、生活样式，一切的一切都拍摄了照片，满载而归。

第二年，也就是1975年，我和衫本负责将纽约大都会艺术博物馆之中的收藏带到京都近代美术馆举办“现代服装源流展”。这次展览会由小池一子担任制作人，宝瑞、香奈儿、薇欧芮等代表20世纪初期顶级装饰派艺术的华丽服装齐聚一堂。

三宅一生也积极地参加了这次展览会。他拿起每一件衣服仔细地观察，似乎从中发现了服装与布料之间的关系。从那以后他的工作就发生了本质的变化，并在1988年的时候于巴黎举办了一场名为“AUN”的展览会。

后来他就正式开始设计百褶裙。欧文·佩恩也从这个时候开始为他的服装进行摄影，北村翠和金井纯整天关在纽约的工作室里，拍摄那一季的优秀作品。我的工作则是给这些作品设计海报。这份迫不及待地等待照片送到的快乐工作一直持续到 2000 年。

内田繁比衫本早出道一两年。70 年代初，在新宿一号馆等最时髦的大楼里，美容院、迪斯科舞厅和酒吧一应俱全，我经常在那里流连到深夜，然后就结识了内田。

正是因为这些机缘巧合，东京设计空间才得以诞生。内田和衫本都赞同我的计划，并且给我提供了大力的支持。因此从 1970 年以后，与比我年长的人相比，我与年轻人之间的交往更加频繁。

帮我设计山庄的建筑家安藤忠雄也是如此，后来我们之间的关系变得非常亲密。

因为我喜欢茶室的氛围，所以他特意在混凝土墙壁上贴了胶合板，帮我设计出一个好像朴素茶室的房间。

每年夏天我的好友内田、黑川雅之、伊东顺二等人都会来我家热热闹闹地举办酒会，有一年还邀请了里千家的伊柱政和。

但那一天很不巧地天降暴雨导致我们根本没办法出门，于是我们只好在家里举办茶会。尽管我家里只有抹茶、一个旧风炉、茶碗和茶刷，别的东西什么也没有，却因为大家玩心大起而取得了意料之外的结果。

我们将软木杯垫剪成合适的大小当做盖子放在玻璃杯上做成茶叶罐，将树叶盖在信乐的单嘴钵上做成净水罐，又将鸡尾酒勺当成茶勺。我们还将蜡烛放在钵里点燃用来照明。本来对茶知之甚少的我们，却因为这种东拼西凑的过程而兴奋起来，对这个临时茶会感到非常满意。

因为大家都玩得不亦乐乎，朋友们提出不如搞一个类似“每日一秀”的活动。于是 1992 年 4 月，我们在位于原宿的方形广场企划了“茶美会 • 然”。

我拜托内田、喜多俊之、衫本、崔在银和今日庵的根岸照彦设计茶室，而将这五个茶室包围起来的整体空间设计交由黑川负责。

因为整体空间也是按照一个茶室设计的，为了隐藏位于尽头处的酒吧，我们使用了一面白色的墙壁，但是如何处理这个墙面成了很大的问题。纯白色的墙面太过显眼，就这么放着肯定不行，而第二天就要开业了，临时修改恐怕来不及。

我忽然想起了一件事。于是我将5瓶墨水倒在一个水桶里，把抹布放进桶里浸湿，然后在纯白色的墙面上很有气势地画了一条线。因为当天我还要去参加一个时尚秀，要是弄脏了外套就会很麻烦。所以我脱光衣服只剩一条内裤，身上缠满保鲜膜，拿起抹布一气呵成。

当时我要是失败，那么明天的茶会就泡汤了。虽然我确实犹豫了一瞬间，但这是我在担任吉原治良的舞台美术时学会的技巧。我全身沾满墨汁的表现意外地大受好评，成为大家茶会上的热门话题。

在一年后的第二次“茶美会•素”上，我对茶怀石也追求了一些变化，我还以非洲民居为灵感设计了一个名为长庵的茶室。

尽管茶叶曾经被无数次地介绍给海外，但从西欧的角度来说，茶叶还是充满异国情调，没有脱离神秘的领域。亲身体验过之后，我发现茶会具有将各个领域的美融合到一起的可能性。因为茶会的整个环境就是一种艺术表现形式，而茶会的整个过程则是一种行为艺术。

茶会可以将在此之前一直无缘的传统工艺和现代设计结合起来，于是我想将这个茶会开到纽约和巴黎，邀请当地的艺术家和设计师们一起参加。这样一定会更加有趣。

在“茶美会•然”之后我又趁势举办了“茶美会•素”。“然”表现的是自然美，“素”则以素材的真实性为主题。茶本身就不是凭借华丽的外表来吸引目光，而是以隐藏在淳朴之下的知性和感性为荣。但是我也发现，如果带着轻松的心情来品茶，会使茶产生出崭新的感觉。

我非常喜欢茶会。茶怀石之中蕴含着的日本的合理性与设计的气氛非常吻合。而且茶会的紧张感恰到好处。我之所以在自己家的二楼修建了一个茶室“窗庵”就是出于这个原因。我家的茶室将阳台也包了进来，所以我将水屋和茶室连到了一起，除了没有等待室之外，其他都一应俱全。

在“青柳”的小山裕久的指导下，我也学会了几道茶怀石的菜系。而挑选工具的过程也非常有趣。在危地马拉购买的茶碗，在巴西购买的民间艺术水罐，在威尼斯购买的茶叶罐，都是我引以为豪的收藏品。

茶会的第一年学习在大德寺的“光琳院”进行，之后在横滨宾馆 65 层的“开光庵”，以及岚山“吉兆”等地连续进行了 20 次。到后来我甚至分不清自己是在工作还是在享受。我的助手德永明美和细田由起子等人由于总是跟着我跑前跑后的，也变成了茶道专家。

I II III IV **V**

IKKO Tanaka

田中一光自伝
われらデザインの時代

一　西武剧场与西武美术馆

从 70 年代至今的 20 多年间，我与西武集团（原来的西武流通集团）合作的工作，不管在质上还是量上都占据着非常重要的位置。

自从小池一子在我工作室的圣诞派对上将西武集团的代表堤清二介绍给我之后，我和他经常在艺术家的聚会上进行交流，因此我也得到机会为西武集团进行设计工作。

1973 年 5 月，我接到了西武集团委托的第一个重要工作，负责位于涩谷 PARCO 之中的西武剧场（现在的 PARCO 剧场）的全部平面设计工作。

虽然当时在百货商店之中已经有三越剧场和东横大厅等剧场，但因为西武剧场以现代戏剧为中心作为保留节目，因此它的开业具有划时代的意义。

我从小就非常喜欢戏剧，上学的时候沉迷于学生戏剧，进入社会之后给神户劳音、剧团民艺、秋滨悟史的剧团三十会等制作了海报，所以在堤找到我的时候，我毫不犹豫地就答应下来。

60年代后半段，是嬉皮思想、幻觉艺术、前卫剧这三种要素叠加在一起的自由开放的戏剧运动时代。戏剧海报也走上了一个顶点。以前的海报要么是反映职业演员的思想，要么是无聊的新剧启蒙论调。而当充满活力的戏剧海报登场之后，这些陈旧的东西全都被吹得烟消云散。

海报的视觉表现的主旨，反过来对戏剧的美术产生影响的现象并不少见。前卫剧的兴起，使得在戏剧演出中融入设计思想的情况变为可能。原本只是被贴在街头作为公演通告的海报，经过崭新的设计之后开始走进千家万户，成为演出的大幕拉开之前的序曲，业余主义精神的自由思想让设计的视觉表现变得更加大胆。

可以说在60年代，海报这一古老的宣传媒体，得到了完美的重生。

但随着进入70年代，戏剧海报的表现形式为了迎合某些特定的人物，而变得统一化起来。西武剧场开业就刚好赶上这一时期。而且西武剧场作为企业文化活动，其海报出于广告设计的考虑选择了B1纸这个在日本戏剧界非常少见的大尺寸，经常会贴满整个城市的交通机构。

我作为这个剧场的座位海报的设计者，找来尽可能多的艺术家为我提供帮助，并且用与演出内容相符的表现形式，力求呈现出一个不会让观众们感到无聊的，富有变化性的作品。

宣传西武剧场开业的海报，委托上条乔久描绘插画。我以为他会描绘小丑、提线木偶等拟人化的东西，结果他却以设计师们常用的赛璐璐人体模型为主题描绘了一幅作品，让我大吃一惊。

西武剧场的首次公演是武满彻企划和创作的“Music Today”。这个系列音乐会后来辗转有乐町西武的艺术广场和银座西武剧场等会场，一直持续到1992年，因为主要起用新锐演奏家展现现代音乐的精髓，所以成为了剧场的支柱之一。

进入70年代之后，海报迎来了照片的全盛期。但因为我并不擅长使用照片，所以我大胆地选择了只用文字与颜色来进行单纯的组合，与已经泛滥的彩色照片进行对抗。位于中央的三角形主题，成为我后来制作系列版画“金字塔”的契机。

戏剧的另一个支柱，是安部公房制作和导演的《爱的眼镜是彩色玻璃》、井上久的《薮原检校》、土方巽最后的作品《宁静的家》等一系列内容。通过这些保留节目的选择，多少可以看得出堤的喜好。

在制作剧场的海报时，往往从拿到脚本到截稿日期之间只有短短一周的时间，在由文字写成的剧本在舞台上实际演出之前，就必须用海报将戏剧内容视觉化地表现出来，这是很有风险的。在设计时必须反复揣摩戏剧作家的思想，还要考虑应该如何宣传才能够吸引更多的观众，这样的幕后工作过程总是让我热血沸腾。当然在设计过程中也会遇到不少挫折，但与这项工作带给我的兴奋相比，一切都是值得的。

除了海报之外，我还负责设计一个名为“剧场”的宣传手册。这是一本根据公演安排对演出内容进行介绍，并且综合相关主题的特辑，比如别役实的《损坏的风景》上演时，我会在宣传册上同时介绍60年代的戏剧。在东海晴美的编辑下，这本小册子作为一个新兴的戏剧杂志引起了人们的关注，在佐藤晃一、太田彻也、佐村宪一等众多设计师的帮助下，这本小册子一直在坚持出版。

在剧场开业之后的两年时间里，我制作了大约50张海报的时候，堤邀请我担任西武美术馆的美术总监。

与剧场一样，这个修建在百货商店之中的美术馆在当时也是非常少见的。在此之前，好不容易从德国的美术馆借来保罗•克利的作品，结果却只能在特卖场用一圈薄薄的围墙弄出一个会场来进行展示，我对这种情况非常不满，每次见到堤都会跟他说让他想想办法。

当时的西武与高岛屋和伊势丹相比档次显得有点低。堤似乎也认为有必要建立一个综合的文化构想，于是在提出第9期的发展计划时，他对池袋店进行了大改造，将12层变成了带有博物馆商店和大型书店的美术馆。

西武美术馆在1975年9月15日开业，作为纪念活动举办了“日本现代美术展望”活动。开业海报使用了泷野晴夫的绘画作品，他选择了广阔的宇宙与人类合体的创意，是一次非常大胆的尝试。西武剧场和西武美术馆经常与泷野合作，或许就是看中他的这种超现实主义风格。安部公房的海报也全部交由泷野制作，虽然我觉得他的作品太过于玄幻，但安部似乎非常喜欢，他们之间的合作持续了很长时间。

在美术馆的入口处有一个高230厘米、宽480厘米的玻璃墙。这个透明的间壁就是展览会唯一的信息板，我非常喜欢这块玻璃板，因为我可以把它当做一张画布，而且不受展示作品的制约随心所欲地进行设计。

从这家美术馆开业到1986年的11年间，我一直为其举办的展会设计海报，但从1987年1月的“第三十次安井奖展”开始松永真接替了我的工作。

1987年西武美术馆搬迁到池袋店大楼的左侧，更名为SAISON美术馆，变成了一个完全独立的美术馆，到最后一次展览“尼日利亚•贝宁王国美术展”闭馆时为止，总共举办了超过170次展会和演出。这里曾经展出过世界各国的历史名品与名作，以及诸多艺术家的优秀作品，因此充满了即便与西欧的古老剧场和美术馆相比也毫不逊色的浓厚灵气，在其闭馆的时候我特意又去参观了一下，在其中能够感觉到非同寻常的岁月气息。

有许多展会都给我留下了深刻的印象。在“曼荼罗展”之中，石元泰博将镜头运用得出神入化，对东寺两界的曼荼罗进行了微距拍摄。只有5厘米的细小部分被放大到几十倍，细致入微的画面与充满佛教气息的华丽全貌完美地展现在我们的眼前。我不仅负责为这次展会设计海报，同时还负责整个会场的构成设计，许多张大约有一叠那么大的照片组合在一起，呈现出一个非常不可思议的空间。

还有一些对我个人来说比较难忘的回忆，比如在展览会的签名墙跟前和理查德•阿维顿合影留念，阿尔芒赠送给我他用木材制作的文字让我欣喜若狂，东京ADC全员出动举办“媒体艺术展”，这些事情我都记得清清楚楚。

美术馆不只展示普通的美术作品，还会举办许多不同的主题活动，比如被称为“安部公房印象展”的演出，以及以“一张布”为主题的三宅一生时尚秀等等。

展览会的举办时间一般在两三周左右，因此在这段时间里我的工作会非常繁忙。特别是西武美术馆经常举办现代美术展，我需要努力地去理解那些新现象和新概念。从70年代中期到80年代中期，现代美术为了追求更多的可能性而不断地进行尝试，所以到处都充满了一股混沌的气息，我一直在努力地思考应该如何与这样的时代共存。

与制作戏剧和音乐会的海报相比，制作美术馆的海报似乎看起来更加简单。因为美术本身就是一种视觉的表现，将这种视觉的表现在特定的媒体上再视觉化，就可以达到绝大多数的目的。只要写上日期、会场、主办方，那么作为展览会主体的绘画和雕刻就会自然而然地表现出内容。当然作品本身就具备视觉的冲击和作者倾注的情感。最明智的做法就是不要插手他人的领域，如果设计师过于自负盲目地在设计中加入自己的理解，那么很有可能破坏作品的气氛、作者的自我表现及思想。

另外对历史和传统的重视，以及对异文化和作者天分的敬畏，有时反而会对设计师形成一种威胁。况且越是被称为名画的作品越能够吸引观众的注意，更有诸多的评论对其进行过全面的分析。像这样在大众视线的监督下进行设计需要极大的勇气，一旦判断出现失误难免会遭人耻笑，而且就算设计得好也难以超越原作。

所以在给美术馆制作海报时必须十分地小心谨慎，或许再没有比给美术馆设计海报更困难的工作了。除了非常辛苦之外，还难以在设计的层面上取得成果。

给海外的美术馆设计海报也是如此。特别是个人作家展的情况下，绝大多数的海报都会将这位画家或雕刻家的代表作放在画面的最中央，然后尽可能在不影响作品的前提下，选择低调的色彩和文字写上作者名、日期、会场等要素。

拿设计师用滥了的把戏过多地表现自己，姑且不论造型是好是坏，但是与画家本身的强烈个性相比，往往会给人留下一种肤浅的印象。美术作品就是不需要这些多余的设计。

可悲的是，尽管这一事实如此明确，但近代设计的思想却无法接受这种消极的态度，认为设计必须站在客观的角度，不从属于任何立场。

对于美术馆的海报来说或许这种想法才是正确的，就像在表演莎士比亚和莫里哀的戏剧时也应该加入今天的理解一样，即便对于18世纪的美术，也应该用接近法将展示作品当作素材来创作出崭新的东西。

我在这两种思想之间左右摇摆，只能在工作的同时安慰自己“或许这就是美术馆海报的宿命吧”。

经历了西武剧场和西武美术馆之后，我又担任了有乐町西武艺术广场和银座SAISON剧场的美术总监。

在艺术广场，“野口勇展”给我留下的印象最为深刻。在这场 1985 年 2 月举办的展览会上，作者自己提出不要在海报上使用他的作品。给这位世界知名的雕刻家制作海报，就算使用他那充满视觉个性的作品也非常困难，现在作者主动提出不让用更让人感到压力巨大。虽然我对于能够自由地进行创作感到非常开心，但海报的本质还是野口勇，除此之外没有其他多余的内容。

我选择了用水墨风格在海报上表现灯光与石头的造型，但我不知道这幅海报得到了怎样的评价，所以直到现在心中还残存些不安。

1986 年 3 月，银座 SAISON 剧场开业。我担任这个剧场的美术总监，在开业前设计了剧场的 LOGO、幕布、横幅、入口标志等内容，还制作了两款海报。

一款选择了小丑的形象表现剧场的主题，同时还被用在了横幅上。另一款作为开业预告，选择了能乐的观世荣夫和现代舞蹈的田中泯的形象，用来表现从古典到现代的广泛戏剧性。

银座 SAISON 剧场的宣传语是“如狂风骤雨般的戏剧故事”。

西武剧场的宣传语则是“复苏的感动，萌生的团结，吹过公园大道的新风”。我出席了这两座剧场的开业典礼，不由得对相隔十几年广告宣传语的变迁所体现出的时代差异产生出一种不可思议的感慨。

因为有之前给西武剧场工作的经验，所以我以为在银座SAISON剧场的工作会相对简单一些，但实际上却是大错特错。

就算只是一副海报，剧场、演员和导演们对文字的大小和位置安排都有非常严格的要求。如果完全满足了他们的要求，那么最后就不得不面临设计上的问题，这让我感到非常苦恼。身为美术总监的综合判断总是要被他人单纯的自我主义所破坏，实在是非常痛苦的事情。

在演出节目上也经常会出现与我的理解不相符的作品。银座SAISON剧场的开业首演是彼得·布鲁克导演的《卡门的悲剧》，和第二年的《摩诃婆罗多》，都是展现法国前卫戏剧成长的新鲜作品，但当出现商业戏剧内容的作品时，就与我印象中的剧场有所不同了。

这与剧场的容纳能力有关。西武剧场是只能容纳 400 人的中型剧场，所以敢于上演一些比较具有实验性质的作品。但银座 SAISON 剧场能够容纳 800 人，为了吸引观众必须选取著名演员出演的流行作品。因为是自主经营自负盈亏，所以每场演出都要有八成以上的上座率才能保证不亏本，银座 SAISON 剧场也有自己的难处。

从那之后又过了十几年，等我回过神来的时候，剧场和美术馆都消失了，过去的 25 年就仿佛黄粱一梦，但西武将企业与文化相结合，创建剧场和美术馆的行为，在日本的企业史上绝对是值得记录的。特别是位于涩谷的西武剧场，因为上演了许多前卫的作品，使涩谷成为一种文化的核心，具有划时代的意义，非常了不起。

堤对文化事业做出的贡献就像是古罗马的梅塞纳斯，像他这样坚持几十年之久的人是独一无二的。仔细想一想，凡是以戏剧、美术、音乐、文学、建筑等艺术领域为中心进行活动的人，在这几十年间几乎都以某种形式和西武进行过合作。

二　创意总监的职责

对于百货商店来说，从很早以前开始包装纸就和商标一样，是非常重要的企业视觉形象（CI）。

西武百货商店以前一直用的是瑞典的林德伯格设计的包装纸，但后来忽然想要更换一下，于是在1972年举办了一次面向全世界的设计大赛。我也参加了这次比赛，但最后这次比赛没有采用任何一部作品不了了之。

第二年，当时西武百货涩谷店的店长增田通二从被雪藏的参赛作品中找出了我设计的包装纸，并且作为涩谷店限定的购物袋使用。当这个购物袋出现在街头之后，其他的西武百货商店也纷纷提出要使用这款购物袋，结果西武流通集团就将我设计的购物袋推广到所有的百货商店中使用了。

在那个时候我还负责西武流通集团的宣传册的平面设计工作，这本宣传册的目的在于将这个复杂的企业集团通俗易懂地进行总结，将集团的整体形象清晰地展示出来。

就这样，我在 1975 年成为西武流通集团的创意总监（CD）。这是一家拥有西武百货商店、西友、西洋环境开发、Credit Saison 等超过 100 余家子公司的企业集团. 从我成为创意总监的那一刻起，就有数不清的需要解决的设计工作扑面而来，从正在开发的大型项目的设计主题，到豆腐和腌菜的包装设计，需要我确认的内容堆积如山。

西武流通集团旗下的企业都非常年轻且充满活力，从没有放慢过前进的步伐。我必须不停地应对一个接一个冒出来的新项目的设计工作，在变化和速度的压迫下喘不过气来。

西武对广义的艺术的理解力很强。从商业空间到环境计划、从自己开发的产品和包装、到信息表现和文化事业，身为创意总监，我必须时刻都对这个集团的一切活动保持具有时代感的创造性。

在堤的理念中，集团的设计工作不能杂乱无章地交给各个设计负责人，而应该拥有一个作为综合的感性与知性集合体的设计。

虽然在文化事业上开设了西武剧场，但同时西武作为企业集团也需要思考自身的品牌战略。

说起70年代的百货商店的企业广告，往往都是以当年的流行趋势和生活方式为主，绝大多数都是非常感性的宣传。但堤却认为，随着企业集团的活动范围不断扩大，通过提出具有社会性的生活建议来展现企业的形象是最有效的宣传方式，于是首次以企业集团的形式推出了系列的报纸广告。

从1980年开始，一年间，以浅叶克己担任美术编辑，丝井重里担任稿件撰写的广告，获得了各方面的一致好评。“哇，香菇笑了”“自然是沉默的老师”“无法空运的温度”等广告词即便放在今天仍然毫不过时。

与西武百货商店一样，西友超市也迎来了巨大的转变期。因为西友超市在全国各地不断开店进行扩张，需要展现一个统一的企业形象。

西友超市首先将名称更改为西友，然后在公司内部成立了 CI 委员会对 LOGO 等企业形象进行管理。很多人都以为西友的英文 LOGO 是由我设计的，但实际上并不是。

最开始是我提出了一个实验性的临时 LOGO 得到了委员会的采纳，但随后委员会举办了一次规模庞大的设计大赛，并且采用了松永真的作品。但是由于这个 LOGO 和我提出的临时 LOGO 非常相似，这让没有参加比赛的我真是大吃一惊。虽然方向稍微有些不同，但毕竟这个获得头奖的作品和现在的 LOGO 太相似了。不过规则就是规则，我也没办法。

不管怎样，从包装纸到停车场指示牌，再到商品分类标签等店内一切的形象要素都需要我来监督设计。

在开店的时候常常要突出当地的特色。位于大泉的 OZ 是在原东映电影厂的遗址上修建起来的西友的复合店，需要一个单独的标志。当时我刚好要举办版画的个展，于是就用最粗的毛笔设计了一个 LOGO，又以版画的概念图制作了包装纸。像这样必须同时思考画廊展示的作品与日常生活中的设计的矛盾情况，对于设计师来说是十分常见的。我曾经借用石元泰博的照片，将地下入口变成色彩斑斓的林荫小路，这个设计也给我留下了深刻的印象。

标志计划工作如果进展顺利的话真是相当有趣。我在难波 CITY 率先尝试了插画的设计风格，制作了食品街和饭店街的标志。这个将木田安彦的木版画扩大后用亚克力复刻下来营造出日本行灯风格的设计大受好评，又被大规模应用在池袋的美食街等地。后来我邀请舟桥全二、秋山育和东君平给美食街绘制了一些插图，营造出一个能够对商品一目了然的饮食空间。

难波 CITY 是对南海电车难波站周边进行再开发的大型项目，当时主要是西武负责运营。这是一个为期两年的长期工程，我负责环境计划和信息等综合的美术总监工作，其他主要负责人员还包括衫本贵志、鱼柱祥一郎，石井干子参与了灯光设计。这一计划的主要目的是让大阪南区变得更加繁荣。

最难的部分当属标志性建筑物的设计。我选择了过去和未来相融合的创意理念，希望在这个地区将“宝贵的遗产”和“与未知的邂逅”这两大主题同时表现出来，于是设计了一个金字塔形状的喷泉。漂浮在黑色水池之中的水之金字塔是太古的象征，而像火箭一样喷向天空的喷泉则是对先进科学的愿望，尽管与施工单位之间的沟通费了我一番工夫，但这个被认为充满现代潮流的设计得到了大家的一致好评。

OLD•NEW 是西武餐饮集团经营的咖啡厅，于 1983 年以衫本具有划时代意义的设计在池袋登场。这家咖啡厅作为年轻人们的交流空间而大受欢迎。其 LOGO 也是我比较满意的作品。

西友除了普通的超市之外，还开设了各种业态的店铺。比如将许多专卖店集合在一起的 WALK，作为 DIY 专门店的 DAIK 等等，其中最著名的就是无印良品。

无印良品现在几乎已经发展成为日本的国民品牌，但其最初只是在我和堤的闲聊中诞生出来的创意，不过后来在开发原创商品的时候出发点稍微有些偏差，没想到却成就了无印良品发展至今的辉煌，从这个角度来说真是一个意料之外的惊喜。

选用天然的材料，对生产过程进行检查减少无谓的加工，尽可能选用最简朴的包装，作为对过剩消费社会的一种反抗。为了迎合消费者追求自然的生活模式而开发出的这些反时尚的商品，获得了比我们预想中更多的支持。

无印良品在东京的青山开设独立门店之后，其理念一下子变得明快起来，完全否定商业主义设计的商品群，反而成为最能够代表现代生活模式的商品之一，得到了时尚界的认可。

最初创意部门除了我之外只有小池一子（广告稿撰写）和麹谷宏（平面设计），后来日暮真三（广告稿撰写）、衫本贵志（室内设计）和天野胜（服装设计）都加入进来。西友的木内政雄也给我们提供了很多的帮助。

同时我们还提出了“故乡铭品”的概念，从日本各地残留的特产品中，找出充满传统感的怀旧食品、点心、民艺风格的陶器和漆器等组成商品群。利用具有当地风格的包装和商标来凸显特性，然后再贴上红白相间的长方形纸片，这样就诞生出一种与无印良品个性完全不同的崭新商品。

我作为超市和购物中心的美术总监，最重视的要素就是与当地的联系和与环境的和谐。因此我经常要和建筑师进行讨论，其中甚至还包括变更设计内容的要求。

西友在长浜乐市开店的时候，按照设计的原方案会填埋掉建筑地的一个池塘。但因为当地是一个水乡，所以即便是一处小池塘我也不愿破坏，而且我认为水的流动对环境也有好处，于是我提出将建筑物换个位置。当整个建筑最后完成时餐厅被水流环绕，完美地消除了超市美食街特有的那种干燥感，我觉得这是很好的结果。

我之所以能够与建筑师们讨论这些问题，最主要的原因是我也在西武的施工现场。一般情况下建筑师并不会重视平面设计师的意见，甚至还会对他们认为没有道理的一些要求视而不见。

但我想改变这种情况。因为建筑师只要设计完一栋大楼，他们的工作就结束了，而我们却要对随后的经营工作负责。所以我认为，如果一个小池塘能够提高卖场的形象，那就应该优先考虑保留下来。站在经营的角度来说这绝对是正确的选择。我的这种想法逐渐成为销售负责人们的共识。

西友在大和郡山开业的时候，我要求将商标从红色变成灰色。因为药师寺和唐招提寺就在店址的旁边，寺院里高塔林立、景色优美，西友的红色 LOGO 恐怕会破坏周围的风景。

特别是对于奈良出生的我来说，不希望奈良的街道被超市的霓虹灯污染，于是我找堤商量想要将企业标示变成黑白色的，结果堤立刻就回答我说没问题。在这样的问题上，堤的理解非常快。我在外装上也选择了具有奈良土墙风格的瓷砖，营造出如同粗呢一样的效果。

不只西武和西友，我认为像麦当劳和 711 这样的连锁店的店铺设计和招牌等 CI，都需要重新考量。那些之前在美国的荒野中非常显眼的 CI，放到北京、奈良、威尼斯等古都的时候就会显得很突兀。我认为应该结合当地的情况来设计符合当地风格的 CI。

从机场到市区，日本的城市看起来全都一个模样。千篇一律的街道，迎风飘扬的二手车市场的旗帜，明亮的大型连锁店和家庭餐厅的招牌，从千岁机场到札幌市内，与从福冈机场到博多市内，除了自然风景和气候温差之外，几乎感觉不到其他任何的变化。

站前的情景也是如此，一样的车站大楼、一样的站前广场、一样的公交车和出租车乘降站。过去只要走出车站就能感觉到这个城市与众不同的气息，让人沉浸在一种特别的感慨之中，但现在走出车站如果没人告诉的话甚至连自己到了哪里都不知道。

文化拥有自身的个性和独特性。一直以来都在不断地接受世界各国文化的日本，为什么变得如此千篇一律了呢？每个人都身处于平均、统一的环境之中，被迫做着相同的事情。我想要提醒大家 CI 统一带来的弊端。

怀着这样的想法，每当集团在各个地区开设店铺的时候我都会亲临现场。虽然背后被别人称为“带着安全帽的平面设计师”，但我知道这就是建筑的宿命。建筑不像平面设计那样有校样，为了让自己的想法和建议不会出现错误，必须要去亲眼确认才行。

建筑工程一旦完成，除非彻底毁坏否则是不能推倒重来的。一旦出现错误，这种错误就会一直存在下去，想一想都感觉很可怕。

但工程的喧嚣很快就会过去，开业当天整个建筑物灯火通明，到处都摆满了鲜花，气球漫天飞舞，还有装饰着白色桌布的华丽宴席。紧接着就是以市长为首的各界名流依次致辞，然后这个曾经让我兴奋不已，心爱不已的空间一瞬间就变成别人的东西了。在我和这个建筑之间仿佛有一个看不见却非常严密的隔离带，再也无法走近一步，擅自碰触还可能会被当成小偷。

我无法明确地说这栋建筑是我的作品。从建筑到室内设计、灯光、标志、宣传，甚至装饰，每一项工程都由各个领域的创造者完成，而我只不过是在一旁眺望他们的工作罢了。

美术总监这个头衔听起来很了不起，但当兴奋退去之后就会发现，我只不过是一个统筹师而已，甚至还会感到无尽的空虚。不过我就是喜欢这种幕后工作，或许我很享受准备的时间吧。

堤有一个最大的优点，那就是他会将必要的工作全权交给各个领域的专家，让创作者们去出风头。

这就好像江户时代的浮世绘出版商茑屋重三郎，他发掘了喜多川歌麿的才华并且使其大放异彩，而他自己则赚得盆满钵满。

如果经营者既赚到了实惠又想出风头，那么创作者就会失去创造的欲望。堤对这一点是非常了解，所以他经常称赞创作者们的工作成果。虽然只是一句简单的表扬，但创作者们却非常吃这一套，哪怕给的设计费很少他们也非常愿意继续工作下去。

我认为设计的基本思想，应该是企业与设计师、社会与设计师之间保持双方向的沟通。设计师在进行设计的时候不能只考虑自己的客户，还要站在消费者和观众的立场上进行设计。只有时刻保持这种三角形的关系意识并且频繁地进行沟通，才能够恢复到设计最纯真的状态。

此外，还要在对社会形势、经济形势和流行风尚等各种各样的问题进行详细判断的基础上，反映出自己的个性。在这种情况下，不一定所有的事情都要自己搞定，从设计的综合性角度考虑，将广告稿撰写和插画等工作委托给他人，往往会创造出更完美的三角形。也就是说通过选角来完成接近一半的美术设计工作，这和上演一出戏剧的过程非常相似。

企业希望提高投资效率，设计师希望得到关注。最理想的设计，应该是通过共同的合作和消费者之间构筑起良好的关系。

后来西武流通集团不断发展进化，变成 SAISON 集团。我作为这项交流战略的综合美术总监，从最初的 SAISON 信用卡开始就与 SAISON 这个名字一同成长，亲眼看着他发展成为一个集团，我给信用卡设计的文字最后还变成了集团的 LOGO。

有时候一些出发点很低的东西，却意外地得到极大的成长，只要脚踏实地地认真坚持，最后可能会取得不俗的成绩。也就是说日常工作中创造出的价值不断地积累起来，或许会取得意料之外的好结果。

我认为平面设计师可以分为两种类型，一种是根据主题进行工作的人，另一种则是不管任何主题都会按照自己的风格来进行工作的人，我觉得自己属于前者，因为我不会过于追求自己的风格。为了能够在不同的工作项目中取得最好的结果，我愿意起用自己以外的许多人才。比如环境计划，几乎所有的工作都要交给专业领域的设计师来进行，甚至有些工作根本留不下任何我参与创造的痕迹。我必须时刻思考社会、企业以及艺术之间的均衡，然后通过设计来与这个时代对抗。而这样一来究竟能够留下多少自己的风格就成为我不得不考虑的问题。

因此，我时刻保持自己处于一张白纸的状态去和主题寻求接点，我认为只有自己作为现代人成为“最优秀的生活者”，才能够在面对任何设计问题时都游刃有余。

三　向世界介绍日本

随着日本的经济成长，以向海外介绍日本为目的的活动也逐渐增加。

1974年在华盛顿州的斯波坎召开了环境展览会，JETRO（日本贸易振兴会）计划出版一本小册子，濑底恒委托我协助制作。这本小册子是对大米的循环利用进行总结的，名为《大米循环》。因为这个小册子广受好评，于是在1979年，阿斯彭举办的国际设计大会上，我们又编辑出版了《日本的伊吕波》。在这本小册子里收录了以伊吕波的48文字开始的项目，可以让外国人以此了解到日本文化的一角。

为了在美国推广包豪斯运动而鞠躬尽瘁的近代设计之父赫伯

特•拜耶，在1951年和芝加哥包装器公司的董事长瓦尔特•佩普克一起创办了这个大会，目的是在阿斯彭建立一个理想中的文化中心。

以日本和日本人为主题的这次设计大会的标题是“日本的矛盾与融合”，议题则是大米、缘分、沟通、新干线、榻榻米等内容，由刘•杜夫斯曼和黑川纪章担任主席。

两千余人参加了这次大会，最后1天以三宅一生的时装秀收尾。他为了让自己的作品更加具有现实性，特别邀请了会议的议长、演讲者、听众等作为模特，同时用幻灯片播放出充满洗练理想的作品影像，同一款服装呈现出了理想与现实叠加的效果。

不管是白人、黑人还是黄种人，不管是德高望重的老人还是初出茅庐的学生，大家都穿着充满时尚感的服装在舞台上尽情地舞蹈，热热闹闹的闭幕式给飘着雪花的阿斯彭增添了不少温暖。

以《日本的伊吕波》为契机，马自达制作了《马自达丛书》系列。第一本是以车轮为主题的《车轮》。第二本《小型文化》得到了海外诸多大学和团体的捐赠请求，随后在纽约的日本协会又以这本书和第三本的《混合文化》为中心召开了研讨会，吉田光邦、濑底恒等人都曾出席。

同一时期，伦敦维多利亚与艾伯特博物馆的斯特朗馆长找到国际交流基金的理事长今日出海，希望能够举办一次日本展，胜见胜主要负责这次展览，我也参与了展出工作。

我们一开始企划的时候，企划委员打算以日本近代设计的美术性展望为主题，将日本优秀的近代设计作为展示物，但斯特朗馆长来日本之后的一席话让我们彻底改变了之前的想法。

馆长对我们说，日本设计界认为优秀的这些模仿欧美的现代设计，是否真的有必要特意拿到伦敦去展览？

但是在东京街头溜达一天，就会发现许多更有意思的内容。商业街的霓虹灯、书店的周刊杂志、保温饭盒和水壶还有电暖炉、帕青哥店、花环、食品模型、住宅区、学习桌……或许这些栩栩如生充满活力的设计才更有展示的价值。也就是说他希望展示平民的内容。

我们不由得开始重新审视日本的原创文化。

在此之前日本人向外国人介绍自己的文化时，就好像在家里接待客人一样，绝对不会让客人看到厨房肮脏的一面，而只会将客人请到干干净净的客厅里面。也就是说只表现出好的一面。日本的舞台艺术在海外公演时这种情况尤为明显。从能乐、歌舞伎、文乐，一下子就跳到了现代音乐和前卫舞蹈。这种极端的两极分化，让日本的文化变得更难理解。

而且日本的大众支持的不只是这些。于是我们回到“日本文化究竟是什么”这个原点，再次调整了展览会的主题。

我让浅叶克己做模特身穿三宅一生的无袖连衫裤和阿西的捞财耙子，把这样的形象制成了一张海报。在上世纪80年代，海报的国际性是非常重要的主题，我将焦点集中在从18世纪的江户时代起就已经存在的平民社会那惊人的力量上，表现大众化社会的进展情况。

从伦敦回国之后，我的母亲去世了。

我在1968年卖掉了奈良的老房子，购买了如今青山的房子。虽然面积只有老房子的五分之一，但母亲很喜欢。她很快就适应了东京的环境，只用了3年的时间就在周围结识了不少朋友，还成为了民谣会里的明星。60岁高龄的母亲搬到一个新环境之后竟然能够适应得如此之快实在是非常少见。父亲一开始反对搬家，但很快也和母亲一样适应了，每当我工作结束回到家里的时候，总会看到母亲召集了许多朋友聊得不亦乐乎，我则拿她一点办法也没有。

1980年，当我参加完“JAPAN STYLE”展，时隔一个月再次回到家中的时候，母亲已经如同干枯的树枝奄奄一息。她将我与伊丽莎白女王的合影摆在自己的枕头边，在6月离开人世。父亲虽然一直活到1989年，但他在母亲去世后的第二年便患上了阿尔察默病，中间更换过5次医院。

1981年，在荷兰的阿姆斯特丹召开了名为“JAPAN DAY”的研讨会。这是因为皮特•布兰廷加听说去年在伦敦举办的“JAPAN STYLE”展大获成功，所以极力邀请我们在荷兰也举办一次类似的活动。

这次研讨会邀请了 ADC 的永井一正，JAGDA 的龟仓雄策、横尾忠则、麹谷宏，TDS 的佐野宽、小池一子、三宅一生，JTA 的深野匡，NAAC 的坂根进，再加上我作为日本方面的议长，总共有 10 人参加。

空着手去是肯定不行的，于是我们专门制作了一个介绍日本的小册子。我们拜托吉田光邦负责整体策划，将内容聚焦在日本人对颜色应用的文化特征上。全部内容由红白、绿、蓝、黑、金色、多彩等 6 个章节组成，相当于一部介绍“日本色彩”的视觉论文。我之前给东洋油墨制作《日本色彩挂历》时积累的经验在制作这本小册子的时候发挥了重要的作用。

这本书以“国旗便当”作为封面，书中还收录了歌舞伎演员的白涂和榻榻米以及茶等内容。取材费与印刷费由赞助企业承担，设计等工作则由我们志愿进行。

我选择的主题是“日本的百货商店”。在西欧的百货商店里面，没有像日本这样的生鲜食品、美食街和舞台，只是一个买东西的地方，并不像社寺的门前集市那样热热闹闹的。因此像PARCO那样的综合商业设施的经营战略和宣传方法，他们不但从未见过而且难以理解。经常有欧美的设计师问我“PARCO究竟是什么”，这时候，我就会用幻灯片为他们讲解日本百货商店的功能和文化责任。

1984年夏天，在位于莫斯科的苏联美术家同盟中央会馆，举办了为期两个月的“日本的设计 传统与现代”展览。这是西武美术馆与苏联文化部作为文化交流五年计划之中的一环企划的展览活动，后来苏联作为回礼在日本举办了“俄罗斯 前卫艺术”展览。

为了布置会场，我从6月到7月整整一个月都在莫斯科工作，展览意料之外地大获成功，从开展第一天起会场外面就大排长龙。对于设计领域尚未得到开发的苏联来说，这次展览引发的热烈反响甚至可以说是打响了苏联设计革命的第一枪。

展览手册以“日本的四季”和“日本的衣食住行”为主。这个手册最大的特点是左边页面是古典，右边页面是现代，通过两者之间直观的对比，让观众能够更好地理解古典与现代之间的关系。

我和小池一子对传统与现代的接点进行逐一的筛选，为了将这些内容完美地安排在页面上，我们花费了不少时间。但是采用这样的结构，因为展现的都是日本最先进的内容，会不会给人留下一种“日本商品介绍手册”的不好印象，刺激过于强烈，这也是我们比较担心的地方。

UCLA 每年都会从世界各国邀请民族艺术家进行表演。1981 年，日本的能乐、舞蹈、狂言等艺术受到邀请时，胜见胜亲自挑选了 9 名日本设计师制作了相应的主题。我的海报主题是日本舞蹈，我希望能够以尽可能单纯的形态来表现舞蹈演员的表情。我将 B1 纸分成纵 4 横 3 的 12 个等分正方形，然后又用两条对角线分出三角形，使整个画面上只有正方形、三角形和圆形等最简单的几何形态。

1983 年 5 月，我受华盛顿特区史密森尼博物馆和艺术指导协会的邀请，以日本的色彩为切入点，利用幻灯片对日本的历史与文化进行演讲。

第二周，我又在纽约进行了同样的演讲，在与联合国大楼相邻的日本协会之中坐满了听众，几乎都是年轻设计师。他们对日本设计的现状和设计师们的动态非常了解。60年代的时候日本设计师们的目光都集中在纽约，而如今纽约的年轻人们已经将视线转投向了东京。

刘•杜夫斯曼在演讲之前介绍说“想必我们一定能够从他的演讲中学到很多东西”，不禁让我想起1960年的世界设计大会，日本的设计终于走到了今天这一步，让我的心中感慨万千。

1991年9月，在蒙特利尔的国际平面设计协会联合会（ICOGRADA）召开了一次设计大会，我以“jawaiian”为主题进行了一次简短的演讲。Jawaiian是一个合成词，指的是夏威夷音乐与牙买加音乐相结合产生的音乐风格。

夏威夷位于波利尼西亚文化圈，虽然属于美利坚合众国的一个州但却很难说是美国。位于西印度群岛的牙买加则深受西班牙文化的影响，算是中美洲但不能说是美国。我对由这两种“完全不同的美国”相结合诞生出的音乐非常欣赏而且很感兴趣。像这种当地文化的融合，竟然能够风靡纽约、巴黎和东京等世界的中心，我觉得这或许会成为今后文化的灵感。

从文化的角度来看，未来不属于曼哈顿的摩天大楼。现代社会就像欧盟那样，国家间的界限已经不再明显，人民不只生活在民族和宗教等政治与经济的制度中，更生活在文化的独立性之中。

互联网与卫星电视的普及，让信息能够在全世界范围内瞬间共享。不用亲自去纽约、巴黎或者东京，足不出户就可以看到旧金山、牙买加或者印度尼西亚的电视节目。这种文化渠道成为丰富的混合文化诞生的温床，我们不必再为了让西洋人接受而特意去调整日本的文化。

因此 jawaiian 具有非常重要的象征意义，由于听起来与河内音头（译者注：江户时期大阪河内地区流行的民谣、净琉璃、祭文等民间艺术和佛教经文经过长时间的混合改良发展而成一种演唱艺术表现形式）有非常相似的地方，所以我对其很感兴趣。如果今后将河内音头与前卫艺术结合起来，或许会诞生出新的音乐，而且具有崭新的国际性。

我认为如果能够将20世纪诞生的体制和系统分解重组，或许会有崭新的设计思想，当时是我这种想法最强烈的时期。

四　个　展

1960 年我在大阪船场的今桥画廊举办了自己的版画个展。我与鸟山建就是那个时候认识的，他把当时根本卖不了几个钱的我的版画、海报和陶器等作品都收集起来进行展览。鸟山后来自己开设了一家画廊叫做“白”，开业时也展出了我的作品，从那以后每隔两年他都会为我举办个展。

1967 年我第一次在今桥画廊展出了平面设计作品，当时设计师和插画师们终于从设计的制约中解放出来，在画廊中展示自由的题材和表现非常流行。我也出于跟风的心态，参与了画廊的企划。

平面艺术的创作，确实让我被设计污染的头脑重新恢复到一片空白的状态。因为设计必须充分地考虑目的性和功能性，所以必须时刻保持客观，这就相当于把自己的本质隐藏在设计的外衣之下，而创作图画和版画时则完全不能这样。

平面艺术就像是把自己赤身裸体地暴露出来，让人感觉非常难为情。但与此同时你的创作也挣脱了一切的外界限制，可以非常自由地进行表现。由此我也意识到，那些日常生活中的造型物是多么地缺乏自我。

如果我不定期地对自己的造型进行审视，那么我的创造力就会变得脆弱，我在创作平面艺术的过程中一直心怀着这样的恐惧。

对于我来说，1987 年 1 月在池袋的西武美术馆举办的“田中一光设计的十字路”展，是我设计生涯中第一次的大型个展。在那之前，我连做梦都没想过自己能够在美术馆里开个展。从前一年 4 月接到邀请开始，我花了 8 个月的时间整理作品。在我之前只有亀仓雄策举办过设计师的个展，所以基本上可以算是史无前例吧。

同年，在纽约的库伯联盟学院和洛杉矶的日美文化会馆也举办了这次个展。说起我在海外的第一次个展，应该算是 1965 年皮特•布兰廷加在荷兰的一家小画廊举办的，但在西武美术馆举办的画展对我来说则是真正意义上的第一次个展。

在西武美术馆的入口处有一个玻璃的信息板，每当展览内容有变更的时候，我都会重新设计这个信息板，但当轮到展览我自己的作品时，设计这个信息板的感觉却非常奇妙。

虽然初次个展并不是我主动提出的，而是自然而然出现的委托，不过从那之后我举办的海外个展，都离不开堤清二的帮助。

在库伯联盟学院，我利用了图书馆和前面的大厅来展示作品。和许多其他的设计师一样，我在举办个展时的心情是比较轻松的。

要说在海外举办的个展中让我感到最开心的，当属1988年9月在巴黎举办的个展。这次个展以收藏劳特雷克的作品而闻名于世的广告美术馆作为会场，展出了我从产经观世能开始创作的150张海报和十几个装置艺术。三宅一生也在同一时期在装饰美术馆举办了“AUN”展。

广告美术馆位于巴卡拉水晶博物馆附近，是从以前作为玻璃工厂的建筑物改造而成，面向大众开放。因为广告美术馆的建筑空间很广阔，所以这次个展的规模也非常庞大。

第一天邀请了两百名宾客前来参观，还举办了盛大的香槟酒会，巴黎的著名作家克拉维尔和维尔纳尔，荷兰的皮特•布兰廷加，以及日本的20多位朋友，都特意赶来为我捧场。

在巴黎的最后一天，以乘船在塞纳河畅游收尾。在旅居巴黎的安斋敦子的建议下，我们租了一艘游览船，麹谷宏担任饮料总管在船上举办了一场酒会。虽然那天从早上就开始下大雨，但在我们上船时天气一下子变得异常晴朗，傍晚时分还出现了非常漂亮的晚霞。酒会上的餐饮是雷诺特的甜点和超特大号香槟，在手风琴的伴奏中，远处的巴黎圣母院和埃菲尔铁塔若隐若现，大家都陶醉在巴黎的风情之中。

我的个展以在海外举办的居多。继巴黎之后我又在墨西哥城、米兰、巴西圣保罗、柏林等地举办了个展。

我在海外举办个展的时候，都是由迫村裕子作为展会的总负责人。和她最初的结识是在纽约帕森斯设计学院的夏季讲习会上，她做我演讲时的翻译，随后我们之间的关系就越来越亲密，还一起在大都会歌剧院策划了梅若六郎的观世座公演，能够拥有一个在戏剧和美术上都拥有共同兴趣的好友真是非常幸运。

迫村帮我安排的第一次个展，于 1995 年在墨西哥现代艺术中心举办。但当时比索暴跌，别说举办个展，就连印刷手册和海报都面临着极大的危机，万幸的是在馆长利德曼和负责策划、美术以及宣传等工作的员工们的不懈努力下，个展终于顺利举办。

这次个展从墨西哥开到了巴西。来墨西哥参观个展的乔安•斯特莱塔邀请我去巴西举办展览。他是我在 1959 年和粟过博一起学英语的时候结识的，大阪世博会之后他也多次来过日本。虽然中间的过程非常艰难，但我最终还是于 1999 年在圣保罗现代美术馆举办了个展。

1995 年，我在每两年举办一次的威尼斯美术展上，负责日本馆的平面设计工作。以此为契机，第二年的 1996 年，我在威尼斯大学举办了一次为期三天的“日本艺术威尼斯大会”。高阶秀尔、芳贺彻、伊东顺二等人和我一起出席，我们一边通过幻灯片的演示对日本和西洋的文化进行比较一边进行了演讲。之前我曾经戒烟一段时间，但在这个时候又开始吸烟。

在会场，威尼斯大学东洋美术学专业的卡尔茨教授对我说，菲拉格慕的创始人萨瓦托•菲拉格慕即将在日本举办展会，希望我能够提供一些帮助。为了给下一场时尚秀做一些概念上的铺垫，他委托我在米兰市近代美术馆举办一次个展。

第二年，我和迫村一起拜访了位于佛罗伦萨的菲拉格慕总部。坐落在亚诺河旁边的总公司是一座 13 世纪建成的大宫殿，据说曾经做过佛罗伦萨的市政厅。我们向菲拉格慕家族展示了时尚秀的模型，还幸运地品尝到了他们家族专属大厨制作的美味料理。

作为会场的米兰市近代美术馆对于个展来说实在是太过广阔了，所以一开始我与其说在思考应该展示什么，不如说我在思考应该怎样才能填满这么大的会场。我用一楼的四角分别展示书籍、标志、文字、平面艺术，又在二楼展示了从京都运来的茶美会的茶室，楼梯两侧用来展示海报，还特意给无印良品准备了一个展示位置，几乎展出了我的全部作品。

在美术馆的院子里，设置了一个用来宣传菲拉格慕时尚秀的巨大帐篷。前来参观个展的人非常多，我当时就穿了一双旅游鞋坐在菲拉格慕夫人的身旁。夫人看见我的鞋，悄声对他的丈夫说让君蒂尼帮我做一双皮鞋。君蒂尼是菲拉格慕最引以为傲的制鞋匠。后来夫人的这句悄悄话，变成了一件非常珍贵的礼物。

1998年，作为菲拉格慕100周年纪念的“萨瓦托•菲拉格慕展”在草月会馆召开，我担任平面设计的AD。菲拉格慕博物馆馆长斯特法尼亚•里奇专程来到日本，敕使河原宏负责展示设计，这次展会得到社会各界的广泛关注。他还同时设计了从福冈到东京各地的百货商店中菲拉格慕的展示橱窗。

在日本桥三越百货，他的展示设计被陈列在5个橱窗之中，菲拉格慕的鞋子在藤本晴美设计的灯光下显得非常漂亮。

我的个展虽然每次都多少会展出一些新作，但绝大多数都是相同的作品。因为都是我日常工作的成果，所以也称得上是我个人的回顾展。

我从没有举办过完全是新作的个展。有一些作品虽然算是新作，但也只是没有顾客委托的东西，并不是专门为展览会制作的。我认为根据委托自己做出了怎样的表现这一点非常重要，所以我会在每件作品上都明确地标明年代。

这也是作为我的作品当时被日本社会接受，以及我身为日本人这两点的最佳证明。就像曾经的日宣美那样，我在创作中追求的并不是强调我个人的观点和主张，我认为这并不是最重要的。

在日本举办的个展中给我留下最深刻印象的，是 1988 年 1 月在奈良县立美术馆举办的“田中一光设计展”。有人提议应该在奈良举办一场和东京完全不一样的个展，但当时刚好是我在西武美术馆举办个展一年之后，所以我干脆将同样的作品原封不动地拿了过去。我的朋友们都在正月齐聚奈良，在唐招提寺和药师寺等公交车站义务提供导游服务。我能够在生长的故乡举办个展，吉田光邦似乎是对此感到最高兴的人。

稍微说一点题外话，我担任同年在奈良举办的“奈良丝绸之路博览会”AD 的经历也让我非常难忘。因为有奈良的副知事是我中学时代的同学这样一层关系，我一边和吉田商量，一边思考展示内容，并且设计了 LOGO 和标志。

回过头来看，我就是为了准备工作而生的。剧场也好展览会也好，派对也好茶会也好，我非常喜欢那种做好一切准备然后接待来宾的工作。所以我不满足于只制作一张海报，更渴望在广阔的空间之中表现自己，并且以此来让别人感到快乐。

2001 年我还将在德国的慕尼黑举办展览会。我希望作为一名日本人，能够继续“接待”全世界的人们。

二〇〇一年一月一日

我在看“去年来年”（译者注：日本的新年晚会）的过程中不知不觉地睡着了。虽然已经进入21世纪，但我的心情却和昨天一样没有任何变化。下午亲戚们都来了。随后即将返乡的工作室的助手博昭夫妇和他们的7岁的女儿久美也来了。这孩子看起来长大了不少。

广村正彰给我寄来了贺年片。明天大概会有10到15名员工过来拜年吧。如果他们带孩子来的话人就会更多。虽然正月的这种习俗每年都没什么变化，但不知为何近几年来这种习俗好像固定了下来。或许是因为“青柳”那非常美味的新春料理吧。大家一边品尝着奈良春日大社的屠苏酒一边互相拜年。

今年，工作室的毕业员工将在饭田桥的“森泽”举办展览会，其中包括几名大阪的年轻人。我虽然并没有参与这次企划，但森泽的董事长似乎想起了我在柏林举办的个展之后的派对。以坪内祝义为首，在我的工作室里工作过10年以上的佐村宪一、木下胜弘、秋田宽、铃木政纪、福田秀之等8人参加了这次展览会。

我的工作室促成了许多姻缘。太田彻也和担任经理的户田雅子（当时），广村和鹈饲美也子（当时），松吉太郎和熊代登志子（当时）都步入了婚姻的殿堂。除此之外，在我举办的茶会上帮忙制作怀石料理的夏见刚和深山祐三子（当时），还有一起在我的工作室里打工而意气相投的插画师野村俊夫和儿玉千惠（当时）也都成功地结为了夫妻。大内修与赤野伊津子的关系非常亲密，两人经常在工作室里一起加班到深夜，应该也会成为一段佳话吧。

工作室每天中午都会开火做饭，然后大家一起吃。这并没有什么特殊的意义，就是非常普通的家常便饭而已。20分钟做饭，20分钟吃饭，20分钟收拾。虽然平时都是一些很普通的饭菜，但偶尔也会有一些非常珍贵的食材供大家享用。

工作室的员工任职满3年我就会送他们去海外学习。说是学习，但我只给他们决定美国、欧洲或者亚洲的地区，剩下就是他们自己进行为期两周的个人旅行。过去可不像现在这样到哪都很方便，所以每个人出发之前脸上的表情都很紧张。

太田是1967年出国的，护照只能使用一次，基本上都是抵达当地之后才开始找旅店。现在我回忆起这些事不禁心想，万一有个什么三长两短我真是对不起他们的父母，但当时这些孩子旅行回来之后，整个人看起来都成长了不少。总之我觉得如果一个人连在旅行的时候都不能玩个尽兴，那么一定无法成为一名优秀的设计师。

孤身一人旅行的时候经常要说英语。但日本人在说英语的时候太过于小心翼翼。在语法和语言习惯上尽可能地追求正确，却往往取得相反的效果。据说现在亚洲有6亿人说英语。这个数量已经超过了英美国家使用英语的人数。不过他们在说英语的时候非常大胆奔放，只把英语当做一种交流的工具而已。即便带着浓浓的中国腔或者印度腔，但说起来都非常自然。

在未来的互联网世界中，英语或许将成为基础中的基础吧。互联网的文化模式给人的感觉就像是一个将全球的所有信息都综合在一起的回转寿司一样。

《田中一光自传》寄语　**麹谷宏**

刚好3年前的这个时候，这本书的校样曾经有一段时间就摆在我的桌子上。校样上还有一张纸条，写着“整理了这些内容，希望你能看一看”。我和田中一光形影不离地相处了40多年，对他这个人的了解可以说是无所不知。

看完这份校样之后，我心想，哎呀，果然是田中一光啊。他在介绍自己大半生的同时，还讲述了战中和战后的时代、世间的变化、关西文化与东京文化的比较、平面设计的历史及社会地位、古典与现代、设计界的信息，以及对设计师们的建议，这基本可以说是一本日本平面设计史的补充读本——真不愧是田中一光，我在心中这样感叹道。即便现在有许多位设计师都出版了自传，但能够对自己与时代进行如此客观和立体分析的人却只有田中一光。

田中一光这个人，不管做什么事都会首先考虑做这件事的意义。他从不考虑是否能够引人注意。他会经常问自己，这件事对自己来说是否有趣，做什么才是最重要的。所以当田中一光出版自传将自己的生活方式公之于众，我当然也要对他这样做的背景进行分析之后再做出解说，只有这样才符合他的方式。

他对自己的描述都非常简单，但却花了大量的笔墨来描写时代、社会、设计环境以及伙伴，但正因为有这些重要的背景，才使得生活在其中的他更有存在感——这就是最优田中一光风格的表现方法。曾经有一名对设计一无所知的空姐在看过这本书之后说出“我也想做设计工作，想和田中一光先生见一面”的话。后来我把这位年轻读者的反映告诉了田中一光，他感到非常满足。

上周，因为这本书被收录进白水社的 UBOOKS 系列，于是我又翻出来读了一遍，真是让人充满了怀念。但同时我也意识到，这本书就是田中一光最完美的遗书。他在这本自传之中，将在自己的一生中给予他照顾的人，与他同甘共苦的人，相互扶持的人，一个不落地全都介绍了一遍。在这本书里究竟出现过多少个人的名字？在田中一光已经去世的现在，读起这些名字就好像是田中一光在对他们每一个人的告别。晚年的田中一光非常注意自己的身体健康，所以他可能并没有考虑过这些身后事，但我却总感觉这本书就像是他为自己留下的一份遗书。在这本书出版一年零十个月之后，田中一光因为急性心肌梗塞突然离世。

田中一光终生未婚。虽然他也憧憬温暖的家庭，也有寂寞的时候，但他却非常讨厌让周围的人看到自己被生活的琐事烦扰，因此我觉得他独身或许是一个正确的选择。即便他真的遇到一位在某种程度上能够理解他的女性，但就凭田中一光那超出常人 100 倍的旺盛好奇心和自由奔放的态度，换句话说就是随心所欲任性妄为的行动力，以及愤怒时根本控制不住的情绪，我也很难想象他的家庭会是平和而温暖的。

可就是这样的田中一光，在 20 多岁的时候也差一点就结婚。那是田中在大阪的产经新闻社事业部工作的时候，对方是一个身材娇小、性格文静、非常温柔的女性。他甚至打算把对方介绍给自己在奈良的父母，但不知为何这件事忽然就烟消云散了。虽然我只和那位女性见过一面，但因为我对她颇有好感所以她的名字我现在还记得。

认识他的人都知道，田中一光是一个写随笔的大师。他将自己的感想，身边发生的事情，设计相关的灵感等写成了3部著作流传于世。这3本书中有很多富含启示的名言警句，对我来说是非常重要的座右书。尽管他一直说自己最不擅长写文章，但他却沉迷于这项智慧的游戏中无法自拔，几乎从没有拒绝过别人的请求。我将他那独特的文风称为“一光调”，比如，“设计师必须时刻保持飒爽的态度，为了开始下一项崭新的计划，必须摒除一切负面的感情。将苦恼深深地埋在心底，坚信明天必将是光明的一天。或许设计师就是这样一个无论何时都要充满活力地采取行动的职业。”（《设计的周边》），听起来实在是格调甚高。

关于写作这件事，他对自己的总结也非常完美，“当我生而为人且享受阳光的时候，总想要去温暖那些无法被阳光照射到的角落，令人意外的是，用原稿纸或许是最好的办法。用我最讨厌的这张纸。”（设计的周边）。他的遣词造句非常优美，让我每次看到都忍不住想邀请他去参加俳句会，所以我实在难以相信他说自己不擅长文学的话。

不过一切都很优秀的田中一光也有弱点。神在创造这个人的时候给了他太多的才华，但唯独忘记了运动神经。田中是公认的运动白痴。不会骑自行车也不会玩单杠，上小学的时候他就在训练中“向右转！”的时候只有他一个人向左转，结果害得和他一组的同学全都被罚站，像这样的事情数不胜数，他总是当成笑话说给我们听。然而我在明知道这一点的情况下，却轻信了他说自己会划船的大话，结果差点丢了小命。

那是我们去伊豆海边游玩时候的事。我们两人划船出海，当我下海游泳时，小船顺着海流飘走，虽然田中拿着船桨使劲划但是船却越飘越远。我拼命地大声呼喊可是无济于事。当时我既追不上飘走的小船也没有力气游回海岸，就在我以为自己必死无疑的时候，幸亏有一艘摩托艇开过来救了我。我们两人垂头丧气地坐在小船上被摩托艇拉回岸边，还遭到其他游客们的围观。但就算是这样丢人的一天，如今回忆起来也充满了怀念。

田中一光很会做料理，刀工了得，用筷子也很灵巧，写字很好看，对盆栽种植颇有心得，就算是奄奄一息的植物到他手里也都能起死回生。然而除此之外的其他工作，他都表现出了一个运动白痴的应有水准。似乎他从小就很不擅长动手的工作，给钢笔灌墨水时会洒出来，开葡萄酒瓶的时候会把木塞摁进瓶子里，拿针的时候会扎伤手指，钉钉子的时候会砸到手指。我们在奈良时，田中每个星期天都会过来帮忙，但当我将好不容易做好的原稿拿给他让他帮我检查时，他肯定会把原稿弄脏。于是他本来是好心帮忙但最后总落得个不欢而散的结局。后来我花了不少精力专门设计了一个展示架，让他既能够看到我完成的原稿又不会弄脏它。

就像听到“向右转！”的命令却转向左边一样，对于必须拧到右边闭死的暖炉阀门，也被田中一光错误地拧到了左边，结果位于青山三丁目的田中家发生了火灾，万幸的是火灾并没有殃及邻居。当时我就睡在他家的二楼。那是1970年的冬天，我从巴黎临时回国暂住在田中家。我因为心里总是感到有些不安，于是下楼去看了看，结果发现客厅里的暖炉正在不断地冒着黑烟。我不记得后来是怎么把那个暖炉搬出去的，还好并没有人被烧伤。从工作现场飞奔回来的田中带着不可思议的表情盯着身穿睡衣浑身沾满黑灰的我，那个场面我至今也忘不了。和田中不一样，我非常喜欢体育运动，那时候我正沉迷于滑雪。从那以后田中家就改用电暖气了。

田中一光总说，“因为我独自生活，所以我想最后也不给任何人添麻烦，自己静静地消失。”而他也正如自己所说的那样，在某一天突然踏上了只属于自己的旅程。在他负责的工作都如日中天的时候，没有任何征兆地突然消失，这实在是太酷了。而他周围那些被留下来的人则无比惊慌。我们合作的企划还没有做完，他却就这样突然地离去了。

其实在他17年前出版的作品集《田中一光设计的世界》中，我就已经非常详细地撰写过一篇“田中一光故事”。在那之后田中对茶文化产生出了浓厚的兴趣，他利用设计的观点给已经略显沉滞的现代茶文化带来了新的气象。在田中一光的呼吁下，觉醒的创作者们都聚集到他的身旁，这场可以称之为新运动的浪潮，给作为日本传统艺术代表的茶文化注入了新的活力，使茶文化超出了艺术的领域得到更加广泛的关注。千利休确立的寂茶文化，可以说是当时最前卫的设计运动，而我认为一光所做的这一切与利休相比也毫不逊色。

因为茶道的基本功非常重要，所以我们每周都会在位于青山的田中宅邸的茶室中非常认真地研习茶道。每到研习茶道的日子，他会从一大早就准备好当季的茶粥和芋粥等早餐招待我。不过与茶道的礼节和规矩相比，田中更喜欢茶怀石，他的手艺更是非常精湛。

当我们刚有点入门的时候，他立刻就提出要开茶会，然后在休息日的时候邀请朋友们来参加。因为他自告奋勇地去做料理，结果主持茶会的重任就落在了我的肩上，真是非常快乐的回忆。后来我们的茶会还经常得到电视和杂志采访与报道，现在我真是愈发地怀念田中泡的茶。

作为前文之中提到过的“田中一光故事”的续篇，这次的主要内容都是围绕着茶道和设计。这也是田中一光给我留下的最后的作业。如果他知道我将他比作现代的利休，他一定会很不好意思但心里非常高兴吧。说起来，奈良直到明治时期之前都被称为堺县，所以田中一光和千利休也算是居住在同一片土地上，而且他们的家业都是做海产生意，利休还有一个别名叫做田中宗易。至于对茶道的世界爱得深沉的田中一光则有一个别名叫做田中宗一。

简略年表

1930 年（昭和 5 年） 出生于奈良市

1946 年 从奈良县立奈良商业学校退学

1950 年 从京都市立美术专业学校毕业，入职钟渊纺织公司

1952 年 入职产经新闻社大阪总公司

1953 年 成为日宣美协会会员

1957 年 入职阳光广告公司（LIGHT PUBLICITY）

1959 年 担任世界设计大会宣传设计负责人

参加平面设计 21 会

获得第九届日宣美展会员奖

1960 年 入职日本 Design Center

获得东京 ADC 金奖

1960 年 第一次前往美国

1963 年　成立田中一光设计工作室

1964 年　参与东京奥运会设施标志及奖牌的设计工作

1965 年　在荷兰的德容画廊举办个展

参加 *PERSONA* 平面设计展

1967 年　成为 AGI 国际平面设计协会会员

1970 年　负责日本世博会政府馆 1 号馆的展示设计工作

参与札幌冬奥会邀请函及奖牌的设计工作

1971 年　担任特种制纸顾问

1972 年　成立“超设计”

1973 年　担任西武剧场 AD

获得第十九届每日产业设计奖

1975 年　负责冲绳国际海洋博览会“海洋文化馆”的展示设计工作

担任西武美术馆 AD，担任西武流通集团 CD

1976 年　成立东京设计空间

1978 年　担任西友 CD

1980 年　维多利亚与艾伯特博物馆 *JAPAN STYLE* 企划委员及展示设计

昭和五十四年度艺术选奖文部大臣新人奖

担任无印良品 AD

1981 年 筑波世博会会徽设计制作

阿姆斯特丹“JAPAN DAY”议长

1984 年 开始制作森泽“文字挂历”

1985 年 编辑《日美・和平海报展》展览手册

1986 年 纽约 ADC 金奖

1987 年 在西武美术馆举办个展“田中一光 设计的十字路展”

担任银座 SAISON 剧场 AD

在库伯联盟学院（纽约）和日美文化会馆（洛杉矶）举办个展

1988 年 在奈良县立美术馆举办个展

担任奈良丝绸之路博览会 AD

在巴黎装饰美术馆所属的广告美术馆举办个展

1990 年（平成 2 年） 企划、出品《日本的海报 BEST100 展》

1991 年 企划、出品《JAPAN PRINT 91》

成为中国中央工艺美术学院名誉教授

获得日本文化设计大奖

1992 年 获得“东京边境”国际会徽设计大赛第一名

企划创建“茶美会・然”

制作成田新东京国际机场第二航站楼壁画

举办个展“田中一光平面艺术展”

1993 年 企划创建“茶美会 • 素”

1994 年 进入纽约 ADC 殿堂

获得紫绶褒章

1995 年 担任威尼斯隔年美术展日本馆的平面设计负责人

在墨西哥现代艺术中心举办个展

1996 年 出席日本艺术威尼斯大会

1997 年 在米兰市近代美术馆（PAC）举办个展

参展巴黎日本文化会馆“设计的世纪展”

1998 年 担任菲拉格慕 100 周年纪念展平面 AD

获得 1997 年度朝日奖

获得东京 ADC 大奖

在富山县立近代美术馆和中国美术学院（杭州）举办个展

1999 年 在圣保罗现代美术馆举办个展

搬迁到位于南青山的新建的设计工作室

获得第一届龟仓雄策奖

在国立东京近代美术馆举办个展

在 Creation Gallery G8 举办个展

2000 年 在柏林包豪斯博物馆举办个展

获得文化功劳者表彰

图书在版编目（CIP）数据

田中一光自传 ：与设计一起前行 / （日）田中一光著 ；朱悦玮译 .
-- 北京 ：北京时代华文书局，2017.9
ISBN 978-7-5699-1771-0
Ⅰ．①田… Ⅱ．①田… ②朱… Ⅲ．①田中一光－自传 Ⅳ．①K831.357.2
中国版本图书馆 CIP 数据核字（2017）第 203730 号

田中一光自传 ：与设计一起前行
TIANZHONG YIGUANG ZIZHUAN YU SHEJI YIQI QIANXING

著　　者 | （日）田中一光
译　　者 | 朱悦玮

出 版 人 | 王训海
选题策划 | 胡俊生
责任编辑 | 周连杰　余荣才
装帧设计 | 程　慧　孙丽莉
责任印制 | 刘　银

出版发行 | 北京时代华文书局 http://www.bjsdsj.com.cn
北京市东城区安定门外大街 138 号皇城国际大厦 A 座 8 楼
邮编：100011　电话：010－64267955　64267677
印　　刷 | 河北鹏润印刷有限公司　电话：0317-5196862
（如发现印装质量问题，请与印刷厂联系调换）
开　　本 | 710mm×1000mm　1/16　印　　张 | 17　字　　数 | 118 千字
版　　次 | 2017 年 12 月第 1 版　印　　次 | 2017 年 12 月第 1 次印刷
书　　号 | ISBN 978-7-5699-1771-0
定　　价 | 58.00

BLUE BOOK

智库成果出版与传播平台